GRILLEN WIE EIN BÄR 2

Michael & Miriam Schiller

GRILLEN WIE EIN BÄR 2

Noch mehr brandheiße Rezepte für Grill & Dutch Oven

EMF

EIN BUCH DER EDITION MICHAEL FISCHER

Inhalt

Seite 62

Seite 80

Seite 86

Seite 140

Seite 128

Seite 145

VORWORT

Der Bär grillt weiter ...

Unser erstes Buch „Grillen wie ein Bär“, das wir im letzten Jahr herausgebracht haben, war dank euch ein toller Erfolg. Und nachdem die Nachfrage nach einem zweiten Band so groß wurde, haben wir uns entschieden nachzulegen.

Wir freuen uns sehr, dass die Resonanz auf das erste Buch so gut war, denn nun haben wir die Gelegenheit, direkt weiterzumachen. Schließlich gibt es noch so viel mehr, was man auf dem Grill, im Smoker, auf der Plancha oder im Dutch Oven zubereiten kann, als das, was wir euch in der ersten Runde zeigen konnten.

Wir wünschen euch viel Spaß mit Part II und hoffen, dass er euch mindestens so gut gefällt wie uns!

Miriam & Michael

MOTORS

GRUNDLAGEN

GRUNDLAGEN

Auf den folgenden Seiten soll es darum gehen, wie man mit einem der beliebtesten Grill- und Outdoorkochgeräte, dem Dutch Oven, umgeht, und auch das Räuchern wird genauer erklärt. Abschließend folgt ein Steak-Guide, indem aufgezeigt wird,, was es außer dem „Flachgrillen" noch gibt und wie man das perfekte Steak zaubert.

Denn: Zum Grillen gehört noch so viel mehr als nur die Zubereitung von Steak und Würstchen. Es gibt unendlich viele Wege, kreativ zu werden und Neues auszuprobieren. Traut euch!

Dutch Oven – ein Topf, unendliche Möglichkeiten

Ein einziger Topf, aber er hat es in sich ... Damit man den gusseisernen Allrounder optimal nutzen kann, gibt es ein paar Dinge zu beachten, die nun kurz erklärt werden sollen:

ERSTER GEBRAUCH UND REINIGUNG

Zunächst schauen wir uns an, was zu tun ist, wenn man den Dutch Oven zum ersten Mal verwenden möchte: Vor dem ersten Gebrauch sollte man ihn am besten einmal mit heißem Wasser ausspülen und anschließend gut abtrocknen. Danach wird er mit Öl eingebrannt, damit eine Patina entsteht. Darunter versteht man eine schützende Ölschicht, die das Material versiegelt und vor Rost schützt.

So geht's:

Man gibt hoch erhitzbares, neutrales Pflanzenöl in den Dopf, gerade so viel, dass das Innere damit dünn eingepinselt werden kann. Dann lässt man ihn am besten auf einem Hockerkocher oder Gasgrill richtig heiß werden, damit das Öl sich in die Oberfläche brennt. Würde man Kohlen benutzen, bekäme man eventuell keine ausreichende Hitze, um das Öl einzubrennen.

Wenn das Einbrennen erledigt ist, kann „losgedopft" werden, doch nach dem Garen im Dutch Oven sollte dieser auf jeden Fall schnellstmöglich gereinigt werden, denn man möchte ja eine ganze Weile Spaß mit ihm haben. Hat man zum Beispiel einen Eintopf darin gemacht, füllt man diesen anschließend am besten direkt in einen Kochtopf um, damit man den Dopf reinigen kann. Dazu wird er erst einmal gründlich mit heißem Wasser ausgespült. Reste am Rand werden mit einem Schwamm oder Ringreiniger abgewischt.

Dann wird der Dopf noch mal gut ausgespült und anschließend vollständig abgetrocknet. Zum Schluss wird der vollständig trockene Dopf innen mithilfe von Küchenpapier mit etwas neutralem Pflanzenöl, zum Beispiel Rapsöl oder Sonnenblumenöl, eingefettet. So ist er für den nächsten Gebrauch wieder einsatzbereit.

Auf keinen Fall darf der Dopf in die Spülmaschine gegeben werden, auch auf Spülmittel muss verzichtet werden, denn dies würde die Patina zerstören.

Sollten sich doch einmal rostige Stellen bilden, diese am besten mit Stahlwolle entfernen und anschließend neu einbrennen. Mit jeder Benutzung wird die Patina besser und umso leichter lässt sich der Dopf in Zukunft reinigen.

Hat man den Dutch Oven länger nicht benutzt, kann es sein, dass das Öl in der Zwischenzeit ranzig geworden ist. In diesem Fall wird der Dopf einfach noch mal gut mit einem Schwamm und heißem Wasser ausgewaschen und anschließend neu eingeölt.

Größe	Benötigte Anzahl der Briketts für die gewünschte Temperatur (auf dem Deckel/unter dem Dopf)	
	160–180 °C	**190–225 °C**
DO6	24 (14/10)	30 (20/10)
DO9	24 (15/9)	30 (21/9)
DO12	28 (17/11)	38 (25/13)
DO18	32 (19/13)	42 (28/14)

Keramikgrill

Dutch Oven

Gasgrill

Dutch Ovens

Pelletsmoker

Dutch Oven

Räuchern

Räuchern ist beim Grillen ein wichtiges Thema – schließlich verleiht aromatischer Rauch Pulled Pork, Beef Brisket, Rippchen oder Fisch und selbst Gemüse eine besondere Note und macht das Grillgut geschmacklich einzigartig. In den Rezepten, die im Anschluss folgen, könnt ihr euch davon überzeugen, dass man sogar Frischkäse und Apfelringe smoken kann und damit geschmacklich überzeugende Aromen erzielt.

Von oben nach unten: Smoke Pellets, Chips, Chunks

Smoke Tube und Smoke Pellets

Man kann auch Schinken, Wurst und Käse räuchern. Dies geschieht aber in einem anderen Räucherprozess als bei Pulled Pork und Co.

HEISSRÄUCHERN

Zum Räuchern eignet sich jeder Grill mit einem Deckel. Und ein bisschen Zubehör schadet nicht nur, es ist auch sinnvoll. Beim Gasgrill ist zum Beispiel eine Räucherbox notwendig. Hat man diese nicht, kann man die Räucherchips aber auch in Alufolie einwickeln, mit einer Gabel Löcher hineinstechen und diese Päckchen auf die Brenner geben. Beim Räuchern im Keramik- oder Kugelgrill gibt man das Räuchergut einfach in die Glut. Der Rauch umhüllt dann das Grillgut und aromatisiert es.

Diesen Vorgang nennt man Heißräuchern. Die Temperatur liegt bei 65–140 °C. Hierbei wird das Räuchergut gegart und bekommt dabei den Räuchergeschmack.

WARMRÄUCHERN

Eine weitere Möglichkeit ist das Warmräuchern. Die Räuchervorgänge dauern bei diesem Verfahren zwischen einer und 24 Stunden. Es findet aber kein Garprozess statt. Das Räuchergut bleibt roh und wird zart und saftig. Geräuchert wird bei Temperaturen zwischen 30 und 50 °C, und man benötigt eine zusätzliche Wärmequelle, um die gewünschte Temperatur zu erreichen. Dafür gibt es zum Beispiel spezielle Heizstäbe. Warmräuchern kann man zum Beispiel Bierwurst, Forellen, Feta und Weichkäse.

KALTRÄUCHERN

Die dritte Möglichkeit ist das Kalträuchern. Es ist eine der ältesten Methoden, um Fleisch und Fisch haltbar zu machen. Man entzieht dem Räuchergut Flüssigkeit und konserviert es so. Zusätzlich bekommt man ein herrlich salzig-rauchiges Aroma. Beim Kalträuchern liegt die Temperatur zwischen 15 und 25 °C. Die Räucherzeit beträgt mindestens 24 Stunden. Man kann aber auch 72 Stunden räuchern, je nachdem, wie intensiv man den Rauchgeschmack am Räuchergut haben möchte. Zwischen den einzelnen Räuchervorgängen sollten aber 12 Stunden Pause liegen.

Kalträuchern kann man verschiedene Schinkensorten, wie zum Beispiel Lachsschinken oder Nussschinken, aber auch Gouda, oder andere Käsesorten am Stück funktionieren hervorragend.

Für das Warm- und Kalträuchern benötigt man einen Kaltrauchgenerator, auch Sparbrand oder Räucherschnecke genannt, sowie Räuchermehl. Davon gibt es verschiedene Varianten, für welche man sich entscheidet, ist jedem überlassen. Zudem benötigt man einen Räucherschrank, worin man sein Räuchergut räuchern kann. Es eignet sich aber auch ein etwas größerer Pappkarton zum Räuchern. Gerade wenn man erst einmal testen möchte, ob einem das Räuchern liegt. So muss man am Anfang nicht gleich so viel Geld investieren, bevor man weiß, ob es überhaupt Spaß macht.

Zum gesamten Thema Räuchern habe ich auch einige Videos auf meinem Kanal „The BBQ Bear", wo ich alles im Detail erkläre.

Das perfekt zubereitete Steak

Um das perfekte Steak zu grillen, sind ein paar Tricks und Kniffe zu beachten, es gibt verschiedene Möglichkeiten, das Steak zu grillen. Welcher Garpunkt gewünscht ist, sollte vorher entschieden sein.

BEVOR ES LOSGEHT …

Die Wahl des Fleischs

Zunächst einmal sollte man unbedingt gutes Fleisch wählen, denn nur so hat man die Möglichkeit, auch ein gutes Steak zu grillen. Qualität und Herkunft sind hier wichtige Kriterien.

Es gibt zig verschiedene Steakarten: Rib-Eye, Entrecôte, Filet, Tritip oder Flanksteak sind nur ein paar Beispiele. Diese „Cuts" (anschaulich auf Seite 24 und 25), wie man sie nennt, bekommt man meistens beim Metzger des Vertrauens, aber auch im Internet gibt es viele gute Fleischanbieter. Hat man sich für seinen Favoriten entschieden, gibt es die nächsten Punkte, auf die man achten sollte.

Vorbereitung

Das Steak am besten ca. 1 Stunde vor der Zubereitung aus dem Kühlschrank nehmen. So kommt es etwa auf Zimmertemperatur und es verringern sich die beim Grillen entstehenden Spannungen im Fleisch, das Steak wird dadurch zarter. Wenn man das Steak aus der Verpackung nimmt, reicht es völlig aus, das Fleisch mit ein paar Blättern Küchenrolle abzutupfen. Es muss nicht unter fließendem Wasser abgewaschen werden.

Man kann das Fleisch ca. 40 Minuten vorher salzen, so zieht das Salz ins Fleisch ein und man bekommt einen besseren Geschmack.

Die richtige Seite

Wenn man das Fleisch auf den Grill legt, egal mit welcher Methode (s.u.) man es zubereitet, sollte man es immer mit derjenigen Seite, die vorm Grillen oben liegt, zuerst auf den Rost legen. Denn diese Seite ist von der Luft angetrocknet. Gibt man die andere Seite zuerst auf den Rost, bleibt es durch die Eiweiße, die austreten, am Rost kleben.

Der richtige Zeitpunkt

Man sollte ein Grillthermometer verwenden, um den richtigen Garpunkt festzustellen. Bei einem guten Stück Fleisch möchte man ungerne etwas falsch machen und kann so auf Nummer sicher gehen, dass man den gewünschten Gargrad erreicht.

Nach dem Grillen

Wenn das Steak gegrillt ist, sollte man es vor dem Anschneiden immer 5 Minuten ruhen lassen. So verteilen sich die Fleischsäfte wieder gleichmäßig im Fleisch. Die beliebtesten Garpunkte sind medium und medium well. Hier ist das Fleisch optisch ansprechend, sieht noch zartrosa und nicht mehr „roh" aus.

GRILLMETHODEN

Vorwärts Grillen

Vorwärts Grillen bedeutet, dass man das Fleisch erst bei sehr hoher Hitze, mindestens 200 °C, auf der Grillfläche angrillt, so lange, bis genügend Röstaromen am Fleisch sind. Danach wird das Fleisch in den indirekten Bereich gelegt und bei 100–140 °C bis 3 Grad vor der gewünschten Kerntemperatur gargezogen. Danach nimmt man das Fleisch vom Grill und lässt es 5 Minuten ruhen. Nach dieser Zeit hat das Fleisch dann den gewünschten Garpunkt erreicht.

Rückwärts Grillen

Beim rückwärts Grillen ist es genau umgekehrt. Diese Methode finde ich schonender, da man das Fleisch erst auf Temperatur bringt und ihm dann hinterher Röstaromen verpasst. Das heißt, zuerst legt man das Steak bei 100–140°C in den indirekten Bereich und lässt es bis 5 °C vor der gewünschten Kerntemperatur garziehen. Anschließend grillt man das Steak bei 200 °C aufwärts von beiden Seiten für je 2 Minuten scharf an und verleiht ihm Röstaromen. Danach lässt man es 5 Minuten ruhen, bis es dann die gewünschte Kerntemperatur erreicht hat.

t-bone

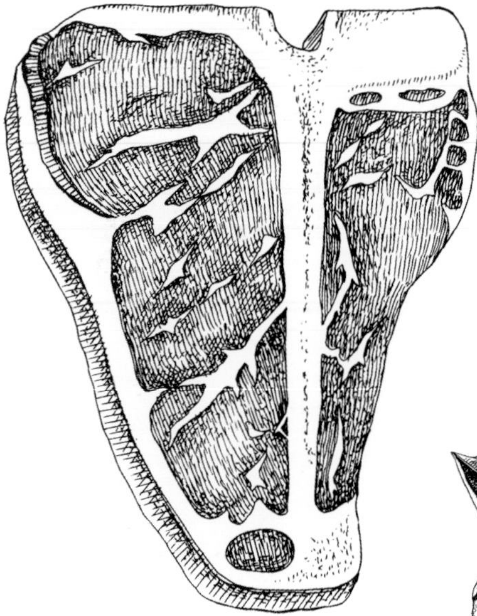

porterhouse

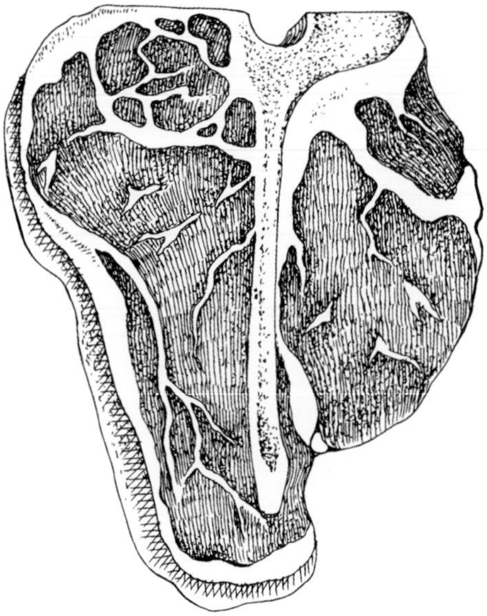

ribeye

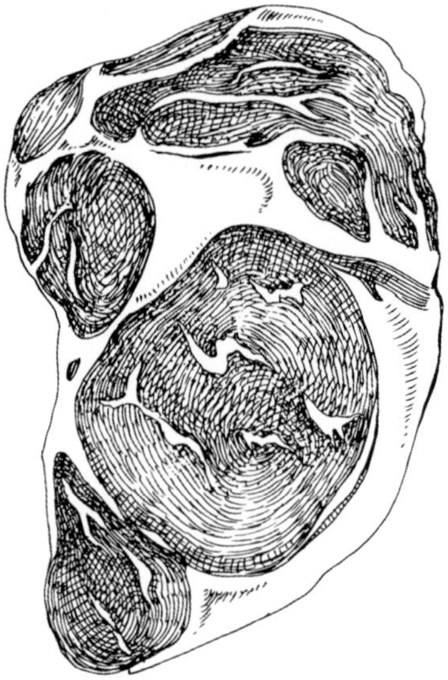

brisket

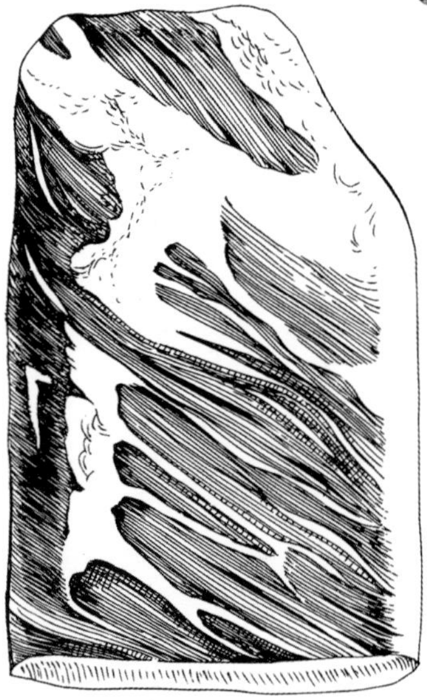

tomahawk

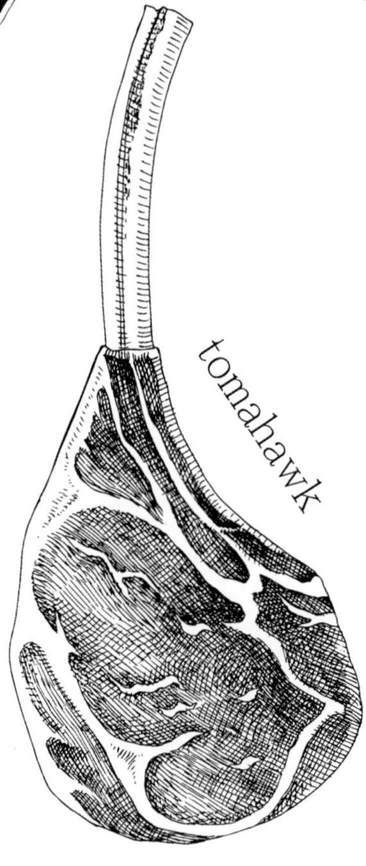

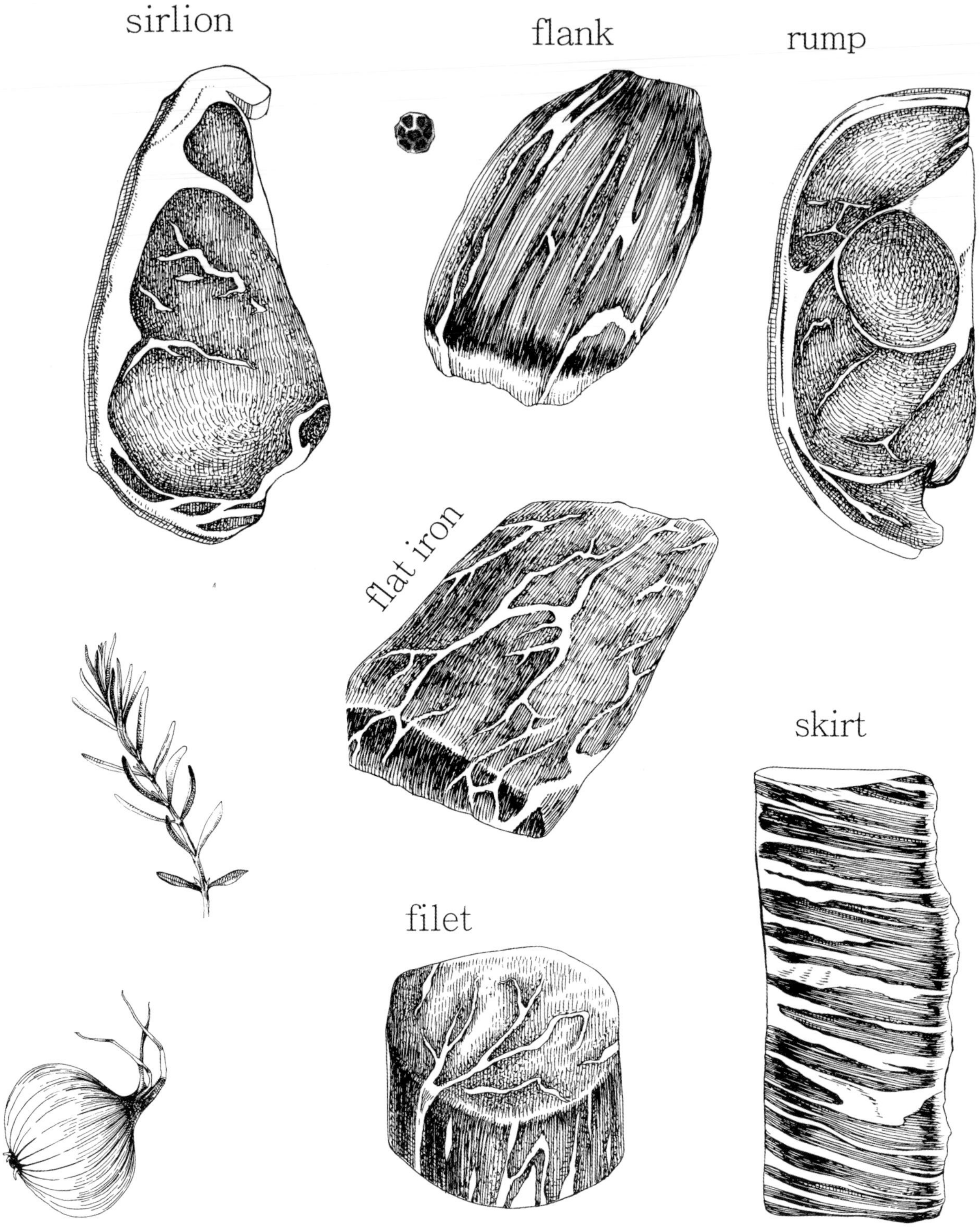
sirlion
flank
rump
flat iron
skirt
filet

Garpunkte und Kerntemperaturen	
rare/englisch	48–51 °C
medium rare	52– 54 °C
medium	55–57 °C
medium well	58–60 °C
well done	ab 60 °C

rare
medium rare
medium

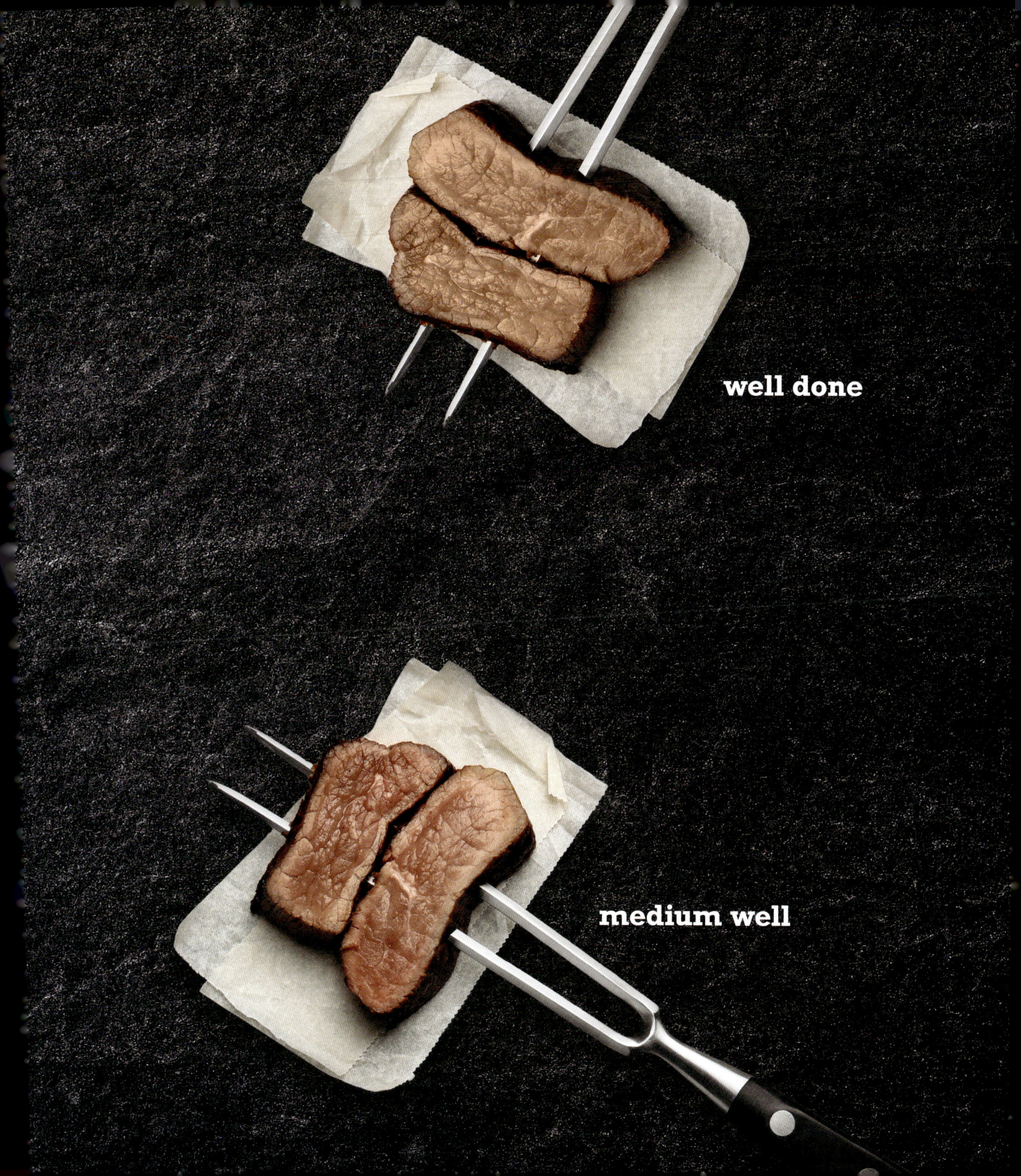
well done
medium well

REZEPTE

BEILAGEN · FINGERFOOD · VORSPEISE

Bei diesen „Kleinigkeiten" sind die Grenzen fließend. Mal soll es „nicht so viel" sein, mal ist eher was gefragt, das ganz unkompliziert und ohne Besteck einfach so wegschnabuliert werden kann, mal soll es das Intro zu einem richtigen Menü sein. Im folgenden Kapitel sind es also die vermeintlichen Nebendarsteller, die glänzen.

FINGERFOOD

HOLLAND-ROLLEN

Zutaten
FÜR 6 PORTIONEN

6 Scheiben Toast
120 g Gouda (am Stück)
24 Scheiben Frühstücksspeck
2 EL BBQ-Rub nach Wahl
2 EL BBQ-Sauce zum Glasieren (nach Belieben)

Benötigtes Zubehör:

Nudelholz
Gitter mit Abtropfschale

Grill:

Gasgrill Kugelgrill Keramikgrill

Dieses genial einfache und leckere Rezept kam bei meiner Familie und meinen Followern so richtig gut an. Unbedingt ausprobieren!

Zubereitung

Zuerst die Toastränder mit einem scharfen Messer abschneiden. Die Toastscheiben mit einem Nudelholz platt rollen.

Den Gouda in 6 dünne Streifen schneiden. Je 1 Streifen in 1 Scheibe Toast einrollen, dann mit so viel Speckscheiben umwickeln, bis die Toastrolle ringsum gut verschlossen ist und der Käse nicht herauslaufen kann.

Die Rollen komplett mit BBQ-Rub würzen und auf ein Gitter mit Abtropfschale legen.

Den Grill auf 160 °C indirekte Hitze einregeln und die Schale mittig für 30–45 Minuten auf den Grill stellen, bis der Speck rundherum schön Farbe bekommen hat. Wer möchte, kann die Rollen für die letzten Minuten noch mit einer BBQ-Sauce glasieren, ist aber kein Muss!

TIPP

Die Ränder des Toasts einfach trocknen lassen, dann reiben. Bis zur Verwendung als Semmelbrösel in einem Glas mit Schraubverschluss aufbewahren.

FINGERFOOD

Mexikanischer NUDELSALAT

Nudelsalate sind bei uns sehr beliebt, aber es muss trotzdem abwechslungsreich bleiben. Mit dieser Variante funktioniert das auf jeden Fall. Dieser Salat schmeckt uns sehr gut und auch den Gästen gefällt's.

Zutaten
FÜR 6 PORTIONEN

500 g Nudeln (Sorte nach Wahl)
Salz
1 Dose Kidneybohnen (255 g Abtropfgewicht)
1 Dose Mais (285 g Abtropfgewicht)
400 g Kirschtomaten
2 rote Paprika
3 Frühlingszwiebeln
½ Bund Petersilie

Für das Dressing:

200 g Joghurt (1,5% Fett)
100 g Crème fraîche
2 Knoblauchzehen
1 Limette
2 gehäufte EL Tomatenmark
2 TL Agavendicksaft
1 TL edelsüßes Paprikapulver
1 TL Chiliflocken
Salz
Pfeffer

Benötigtes Zubehör:

Zitruspresse

Zubereitung

Die Nudeln in kochendem Salzwasser al dente kochen. Anschließend in ein Sieb abgießen und abkühlen lassen.

In der Zwischenzeit die Kidneybohnen und den Mais in ein Sieb schütten, abspülen, abtropfen lassen, dann in eine Salatschüssel geben.

Die Kirschtomaten waschen und halbieren. Paprika halbieren, putzen, waschen und würfeln. Die Frühlingszwiebeln waschen, putzen und in feine Ringe schneiden. Die Petersilie waschen, trocken schütteln und fein hacken. Alles ebenfalls in die Schüssel geben.

Für das Dressing Joghurt und Crème fraîche in eine zweite Schüssel geben. Den Knoblauch schälen und dazureiben oder -pressen, die Limette auspressen. Den Limettensaft mit Tomatenmark, Agavendicksaft, Paprikapulver und Chiliflocken ebenfalls zum Joghurt geben. Alles gut verrühren und mit Salz und Pfeffer abschmecken.

Die abgekühlten Nudeln zu dem Gemüse geben und gut vermengen. Das Dressing unterheben. Bis zum Verzehr im Kühlschrank ziehen lassen.

FINGERFOOD

GYROS-BRÖTCHEN

Zutaten
FÜR 8 PORTIONEN

500 g Schweinefilet
2 rote Zwiebeln
4 EL Gyrosbär oder ein anderes Gyrosgewürz
3 EL neutrales Pflanzenöl
8 Aufbackbrötchen
100 g Feta
100 g Krautsalat
100 g Zaziki
½ Bund Petersilie

Benötigtes Zubehör:

Plancha oder Gusseisenpfanne
Gitter mit Abtropfschale

Grill:

Gyros-Brotchen vom Grill – das ist super Fingerfood, mega einfach und genial lecker. Es ist ein Rezept für jede Partygelegenheit und die Brötchen schmecken einfach allen.

Zubereitung

Zuerst das Filet einmal längs halbieren, dann quer in Streifen portionieren. Die Zwiebeln schälen, halbieren und in feine Streifen schneiden. Beides in eine Schüssel geben, dabei ein paar Zwiebelhalbringe für später zum Garnieren zurückbehalten. Das Gyrosgewürz zum Fleisch geben, alles gut vermengen.

Das Öl auf einer Plancha oder in einer Pfanne erhitzen und das Fleisch mit den Zwiebeln darin anbraten, bis es Farbe bekommt.

Nun die Brötchen an der Oberseite gerade aufschneiden und vorsichtig aushöhlen. Mit dem Gyrosfleisch füllen. Den Feta zerbröseln und darübergeben, dann die Brötchen auf ein Gitter mit Abtropfschale setzen.

Den Grill auf 170–180 °C indirekte Hitze einregeln und die Brötchen mit dem Gitter auf den Grill stellen. Für 10–15 Minuten auf dem Grill lassen, bis die Brötchen eine schöne Farbe haben. Dabei öfters nachschauen, denn die Brötchen können schnell dunkel werden.

Die Petersilie waschen, trocken schütteln und fein hacken. Wenn die Brötchen die gewünschte Farbe haben, vom Grill nehmen, etwas Krautsalat auf das Fleisch geben, dann etwas Zaziki. Mit den zurückbehaltenen Zwiebelstreifen und der gehackten Petersilie bestreut servieren.

TIPP

Das ausgehölte Brötcheninnere und die abgeschnittenen Oberseiten trocknen lassen, dann reiben und als Semmelbrösel verwenden.

FINGERFOOD

HANDBROT
mit Schinken und Käse

Zutaten
FÜR 4 HANDBROTE

500 g Mehl (Type 405)
1 Würfel frische Hefe
1 EL Zucker
1 TL Salz
1 EL Rapsöl
250 g Käse nach Wahl
250 g Frühstücksspeck (in Würfeln)
Pfeffer
200 g Schmand
½ Bio-Zitrone
½ Bund Petersilie
2 Frühlingszwiebeln
Salz

Wer kennt es nicht vom Weihnachtsmarkt, der Kirmes oder anderen Festen? Das Handbrot – und auch zu Hause ist es ganz schnell selbst gemacht. Bei der Füllung sind der Fantasie keine Grenzen gesetzt: Füllt es einfach mit dem, was ihr am liebsten esst.

Zubereitung

Das Mehl in eine große Schüssel sieben. In 250 ml handwarmes Wasser den Zucker einrühren und die Hefe hineinbröckeln. Mit einer Gabel umrühren, bis sich alles gelöst hat.

Das Salz, die aufgelöste Hefe und das Öl zum Mehl geben. Die Mischung zu einem glatten Teig verkneten, mit einem feuchten Geschirrtuch abdecken und etwa 30 Minuten gehen lassen, bis sich das Teigvolumen verdoppelt hat. In der Zwischenzeit den Käse reiben.

Den Teig noch mal gut durchkneten und auf einer mit Mehl bestäubten Arbeitsfläche zu einem großen Rechteck ausrollen. In der Mitte einen langen Streifen mit der Hälfte der Speckwürfel und der Hälfte des geriebenen Käses belegen und mit etwas Pfeffer würzen.

Benötigtes Zubehör:

elektrisches Rührgerät mit Knethaken
Backpapier
Nudelholz

Grill:

Gasgrill Kugelgrill Keramikgrill

Eine Längsseite einschlagen und dort die andere Hälfte der Speckwürfel und des Käses daraufgeben und wieder mit Pfeffer würzen. Danach die andere Seite darüberlegen und die beiden Enden umklappen.

Die Teigrolle auf einen Streifen Backpapier geben und viermal mit einem Messer leicht eindrücken. So entstehen vier Brote. Diese noch mal abdecken und 10 Minuten gehen lassen.

In der Zwischenzeit den Schmand in eine Schüssel geben. Die Zitrone auspressen und zum Schmand rühren. Die Petersilie waschen, trocken schütteln, fein hacken und ebenfalls unter die Schmand-Mischung rühren. Alles mit Salz und Pfeffer abschmecken. Die Frühlingszwiebeln waschen, putzen und dann in Ringe schneiden.

Den Grill auf 180 °C indirekte Hitze einregeln und das Handbrot mit dem Backpapier auf den Rost geben. Für 30 Minuten backen, anschließend aus dem Grill holen, kurz abkühlen lassen und die einzelnen Brote abtrennen. Die Schmand-Mischung auf die Brote geben und mit den Frühlingszwiebelringen garniert servieren.

TIPP

Für die Handbrote braucht man nicht zwingend einen Grill.
Sie funktionieren auch im Backofen bei gleicher Temperatur und gleicher Backzeit.

FINGERFOOD

GOLDEN POTATOES

Zutaten
FÜR 6 PORTIONEN

1 kg Drillinge
Salz
4 EL Mayonnaise
2 EL Sweet Chili Sauce oder Sriracha Sauce
1 ½ EL BBQ-Rub nach Wahl

Grill:

Gasgrill Kugelgrill Smoker Keramikgrill

Die etwas andere Grillbeilage: Sie passt zu fast allem, ist schnell und ohne großen Aufwand vorbereitet und schmeckt nicht nur euch, sondern sicher auch euren Gästen. Probiert's aus!

Zubereitung

Zuerst die Drillinge in kochendem Salzwasser 15 Minuten vorgaren, dann abschütten und abkühlen lassen.

Die Mayonnaise mit der Sauce und dem BBQ-Rub verrühren. Die gekochten Drillinge in einer Schüssel mit der Mayo-Mischung vermengen.

Den Grill auf 180 °C indirekte Hitze einregeln und die Drillinge für ca. 30 Minuten in den indirekten Bereich auf den Rost legen. Nach der Hälfte der Zeit die Drillinge wenden, damit auch die Unterseite Farbe bekommt.

FINGERFOOD

PORK BELLY BURNT ENDS

Zutaten

FÜR 6 PORTIONEN

2 kg Schweinebauch mit Schwarte
10 EL BBQ-Rub nach Wahl
6 EL brauner Zucker
4 EL Honig
4 EL Butter
400 ml BBQ-Sauce nach Wahl

Benötigtes Zubehör:

Schwedenschale
Räucherchips oder -pellets (mildes Holz, z. B. Obsthölzer wie Kirsche oder Apfel)

Grill:

Jeder Grill mit einer Möglichkeit zum Räuchern

Gasgrill Kugelgrill Smoker Keramikgrill

Dieses Rezept gehört zu den BBQ-Klassikern, die man mal gemacht haben sollte. Bei uns kommen die immer gut an und werden sehr gerne gegessen. Pork Belly Burnt Ends brauchen zwar ihre Zeit, machen aber nicht viel Arbeit und schmecken einfach nur lecker.

Zubereitung

Den Schweinebauch trocken tupfen und dann in etwa 3 cm breite Streifen schneiden. Diese in 3 x 3 cm große Würfel schneiden, dann die Schwarte entfernen. (Man kann die Schwarte auch vorher im Ganzen wegschneiden, so ist es aber einfacher.) Sollten noch Knochen oder Knorpel im Fleisch sein, diese ebenfalls vorsichtig wegschneiden.

Die Würfel in eine Schüssel geben und mit dem BBQ-Rub kräftig würzen. Alles gut vermischen und etwas durchziehen lassen.

Währenddessen den Grill oder Smoker auf 120 °C einregeln. Ist die Temperatur erreicht, die Würfel gleichmäßig auf dem Rost verteilen, so dass sie ringsherum Rauch abbekommen. Für 2 Stunden smoken, alle 30 Minuten eine Handvoll Räucherchips oder -pellets zuführen, danach das Fleisch vom Grill nehmen und in eine Schwedenschale geben.

Den braunen Zucker und den Honig gleichmäßig über den Würfeln verteilen und die Butter in Flöckchen darübergeben. Alles mit Alufolie luftdicht verschließen und die Schale für weitere 1 ½ Stunden bei 120 °C auf den Grill oder Smoker stellen. Nach dieser Zeit die Alufolie entfernen und die BBQ-Sauce mit den Würfeln vermischen. Dann kommt die Schale, ohne Alufolie, noch mal für 20–30 Minuten auf den Grill, bis die BBQ-Sauce angezogen hat.

FINGERFOOD

Vegetarische italienische ANTIPASTI

Zutaten
FÜR 4 PORTIONEN

120 ml Olivenöl
3 EL Aceto balsamico
3 Knoblauchzehen
2 TL getrockneter Oregano
4 Zweige Rosmarin
Salz
Pfeffer
2 Paprika (Farbe nach Wahl)
1 Aubergine
1 Zucchini
150 g Champignons
2 Schalotten

Benötigtes Zubehör:

mittelgroße Schwedenschale oder grillgeeignete Auflaufform
Backpapier
Pürierstab

Grill:

Gasgrill Kugelgrill Keramikgrill

Wenn mal kein Salat als Beilage gewünscht ist, es aber trotzdem etwas Gemüse zum Gegrillten geben soll, ist das eine mega Alternative und mal was ganz anderes. Die Zubereitung ist überhaupt nicht aufwendig und schnell gemacht.

Zubereitung

Öl und Essig in eine hohe Schüssel geben. Die Knoblauchzehen schälen und mit dem Oregano hinzugeben. Die Nadeln von 2 Rosmarinzweigen abzupfen, ebenfalls dazugeben, dann alles mit dem Pürierstab sehr fein mixen und mit Salz und Pfeffer abschmecken.

Beide Paprika, Aubergine und Zucchini waschen, putzen und in mundgerechte Stücke schneiden. Champignons putzen und je nach Größe halbieren oder vierteln. Die Schalotten schälen und ebenfalls vierteln.

Das Gemüse mit dem Dressing vermengen. Die Schwedenschale mit Backpapier auslegen und das Gemüse hineingeben. Die Nadeln der restlichen beiden Rosmarinzweige abzupfen und über dem Gemüse verteilen.

Den Grill auf 180 °C indirekte Hitze einregeln und die Schale im indirekten Bereich für 1 Stunde auf dem Grill belassen.

FINGERFOOD

Schwedische OFENKARTOFFELN

Zutaten
FÜR 6 PORTIONEN

2 kg Drillinge
5 EL Olivenöl
Salz
250 g Crème fraîche
250 g Sahne
300 ml Gemüsefond
Pfeffer
3 Scheiben (Vollkorn-) Toastbrot
150 g Frühstücksspeck (in Würfeln)
4 Zweige Rosmarin

Benötigtes Zubehör:

mittlere oder große Schwedenschale oder grillgeeignete Auflaufform

Grill:

Gasgrill Kugelgrill Keramikgrill

Schwedische Ofenkartoffeln sind eine großartige Beilage zu Grillfleisch oder Braten. Mit den Speckwürfeln schmecken sie besonders herzhaft, man kann sie aber auch komplett vegetarisch genießen.

Zubereitung

Zuerst die Kartoffeln waschen und quer fächerförmig dünn ein- aber nicht durchschneiden. Die Kartoffeln mit dem Öl einreiben, salzen und mit der Schnittfläche nach oben in die Form legen.

Den Grill auf 180 °C indirekte Hitze einregeln und die Kartoffeln im indirekten Bereich für 30 Minuten auf dem Grill lassen.

In der Zwischenzeit die Sauce zubereiten. Dafür Crème fraîche, Sahne und Gemüsefond in einer Schüssel miteinander verrühren und mit Salz und Pfeffer abschmecken. Die Toastbrotscheiben in Würfel schneiden.

Die Sauce über die Kartoffeln gießen, Toastbrot- und Speckwürfel ebenfalls über den Kartoffeln verteilen. Jetzt noch die Rosmarinzweige zum Aromatisieren darauflegen und die Kartoffeln für weitere 30 Minuten auf dem Grill lassen.

TIPP

Wer etwas Rauchgeschmack an den Kartoffeln möchte, kann auch einen Smoker verwenden und die ersten 30 Minuten räuchern.

FINGERFOOD

GEBACKENER FETA

mit Honig-Sesam-Topping

Zutaten
FÜR 6 PORTIONEN

500 g Feta
3 rote Zwiebeln
2 EL Fajita-Gewürz (siehe S. 150)
flüssiger Honig (Menge nach Belieben)
Sesam (Menge nach Belieben)

Benötigtes Zubehör:

Schwedenschale oder grillgeeignete Auflaufform

Grill:

Gasgrill Kugelgrill Keramikgrill

Dieses Rezept ist unglaublich lecker und kommt bei unseren Gästen immer sehr gut an. Es ist schnell gemacht und man kann es auch für größere Gruppen ganz einfach vorbereiten.

Zubereitung

Die Feta-Flüssigkeit abgießen und den Feta in die Schwedenschale oder Auflaufform bröseln.

Die Zwiebeln schälen, halbieren und in feine Streifen schneiden. Zusammen mit dem Fajita-Gewürz unter den Feta mischen.

Den Grill auf 160 °C indirekte Hitze einregeln und die Schale für ca. 30 Minuten auf den Grill stellen. Nach dieser Zeit herausnehmen, Portionen auf Tellern anrichten und mit Honig beträufeln. Mit Sesam bestreut servieren und zum Beispiel gegrilltes Baguette dazu reichen.

TIPP

Ein Grill ist bei diesem Gericht nicht unbedingt nötig. Der Feta gelingt und schmeckt auch aus dem Backofen.

FINGERFOOD

SPARGEL im Speckmantel

Wer normalerweise keinen Spargel mag oder grünen Spargel noch nicht gegessen hat, wird diese Zubereitung lieben, denn mit Speck schmeckt ja bekanntlich alles besser ;-). Und wenn man Besuch bekommt, ist das mal was anderes. Bei unseren Gästen kommt das Rezept jedes Mal sehr gut an.

Zutaten
FÜR 6 PORTIONEN

500 g grüner oder weißer Spargel
400 g Frühstücksspeck (in Scheiben)
1 EL Bärenschiss oder BBQ-Rub nach Wahl
200 ml Sauce Hollandaise
50 ml Sweet Chili Sauce
2 EL neutrales Pflanzenöl

Benötigtes Zubehör:

Squeeze-Flasche (nicht zwingend)
Plancha, Feuerplatte oder grillgeeignete Pfanne

Grill:

Jeder Grill, auf den eine Plancha oder eine Pfanne passt.

Zubereitung

Zuerst den weißen Spargel schälen und die holzigen Enden entfernen. Bei grünem Spargel ist das Schälen nicht notwendig. Hier nur die holzigen Enden abbrechen oder -schneiden.

Die Speckscheiben von einer Seite dünn mit dem BBQ-Rub würzen und den Spargel damit umwickeln.

Sauce Hollandaise in einer Schüssel mit der Sweet Chili Sauce verrühren und, falls vorhanden, in eine Squeeze-Flasche füllen, damit sich die Sauce schön über den Spargel verteilen lässt.

Die Plancha oder Pfanne erhitzen, Öl hineingeben und heiß werden lassen. Nun den Spargel hineingeben und rundherum so lange braten, bis er weich wird und der Speck eine schöne Bräunung bekommt.

Den Spargel im Speckmantel auf einem Teller oder Brett anrichten und mit der Sweet-Chili-Hollandaise garnieren.

FINGERFOOD

Gesmoktes ZWIEBELBROT

Zutaten
FÜR 4 PORTIONEN

250 g Brot nach Wahl
70 g Butter
300 g Saure Sahne
Salz
1/2 EL edelsüßes Paprikapulver
3 rote Zwiebeln
1/2 Bund Petersilie
150 g Käse nach Wahl (z. B. Gouda oder Mozzarella)

Benötigtes Zubehör:

Gitter mit Abtropfschale
Räucherchips oder -pellets

Grill:

Jeder Grill mit Möglichkeit zum Räuchern

Gasgrill Kugelgrill Smoker Keramikgrill

Dieses Rezept ist vegetarisch, schnell und richtig lecker. Man kann es aber auch mit Bacon verfeinern. Und gesmokt bekommen die Schnitten noch mal den besonderen Feinschliff.

Zubereitung

Das Brot in 1 cm dicke Scheiben schneiden und diese mit Butter bestreichen. Die Scheiben auf das Gitter mit Abtropfschale legen.

Den Grill auf 180 °C indirekte Hitze einregeln und die Schale auf den Grill stellen. Die Brotscheiben für ca. 10. Minuten vorgrillen, anschließend das Blech wieder herausnehmen.

Die Saure Sahne in einer Schale mit etwas Salz und dem Paprikapulver verrühren und abschmecken. Die Masse gleichmäßig auf die Brotscheiben streichen.

Die Zwiebeln schälen, halbieren und in Streifen schneiden.
Die Zwiebelstreifen auf den Brotscheiben verteilen.

Die Petersilie waschen, trocken schütteln und fein hacken. Den Käse reiben oder je nach Sorte klein hacken. Zusammen mit der Petersilie auf die Brotscheiben geben und mit dem Gitter und Abtropfblech bei gleicher Temperatur auf den Grill stellen.

Das Räuchergut in die Glut geben und das Ganze für 15 Minuten räuchern. Das ist vollkommen ausreichend. Wer einen intensiveren Rauchgeschmack haben möchte, kann gerne länger räuchern.

Nach insgesamt 30 Minuten können die Schnitten vom Grill und serviert werden.

FINGERFOOD

Gegrillter BLUMENKOHL

Zutaten
FÜR 4 PORTIONEN

2 Köpfe Blumenkohl
12 EL Mayonnaise
4 EL scharfe Sauce nach Wahl (z. B. Hot Sauce, Chili Sauce, Sweet Chili Sauce, Tabasco)
4 EL BBQ-Rub nach Wahl
100 g Chips nach Wahl

Benötigtes Zubehör:

Küchenpinsel
Gitter mit Abtropfschale
Gefrierbeutel
Nudelholz

Grill:

Gasgrill Kugelgrill Keramikgrill

Wer Blumenkohl mag, wird dieses Rezept lieben. Er wird ganz einfach gepimpt und schmeckt vom Grill superlecker. Man kann ihn als Hauptgericht servieren, er ist aber auch eine perfekte Beilage zu einem guten Stück Fleisch.

Zubereitung

Zuerst in zwei Kochtöpfen so viel Wasser zum Kochen bringen, dass ein Blumenkohl bedeckt ist. Wenn das Wasser kocht, die Töpfe von der Hitze nehmen und jeweils 1 Blumenkohl in einen Topf geben. Abgedeckt 5 Minuten ziehen lassen. Anschließend die Blumenkohlköpfe wieder herausnehmen und auf einem Teller abtropfen lassen.

In der Zwischenzeit die Mayonnaise mit der scharfen Sauce und dem BBQ-Rub verrühren.

Blumenkohlköpfe auf ein Gitter mit Abtropfschale legen und rundherum mit der Sauce bepinseln. Die Chips in einen Gefrierbeutel geben und mit dem Nudelholz so lange darüberrollen, bis sie klein gebröselt sind. Die Brösel auf dem Blumenkohl verteilen.

Den Grill auf 160–170 °C Grad indirekte Hitze einregeln und die Schale mit dem Blumenkohl für 45 Minuten im indirekten Bereich auf dem Grill lassen. Nach der Hälfte der Zeit mal nachschauen, wie der Bräunungsgrad ist. Der Blumenkohl soll nicht zu dunkel werden, sondern eine schöne Kruste bekommen. Bei Bedarf also abdecken.

TIPP

Ein Grill ist bei diesem Gericht nicht unbedingt nötig. Der Blumenkohl gelingt und schmeckt auch aus dem Backofen.

FINGERFOOD

SANDWICHES

„sweet & salty"

Zutaten
FÜR 6 PORTIONEN

12 Scheiben Toastbrot
12 Scheiben Frühstücksspeck
200 g frische oder TK-Erdbeeren
12 EL cremige Erdnussbutter
6 EL Erdbeerkonfitüre
Butter zum Braten

Benötigtes Zubehör:

Toaster
Gusseisenpfanne

Grill:

Jeder Grill, auf den man eine Pfanne setzen kann.

Die Kombination aus süß und salzig ist einfach unbeschreiblich lecker. Man muss es natürlich mögen. Aber wenn diese Geschmackskomponenten wie in diesem Rezept aufeinandertreffen, kann man den ein oder anderen Skeptiker sicherlich noch überzeugen, dass das schmeckt.

Zubereitung

Zuerst das Toastbrot wie gewohnt toasten. Dann den Speck in der Pfanne knusprig braten und anschließend auf Küchenpapier abtropfen lassen.

Die Erdbeeren waschen, das Grün entfernen und in dünne Scheiben schneiden. Tiefkühl-Erdbeeren leicht antauen lassen, sodass man sie schneiden kann und dann zum Belegen ganz auftauen lassen.

Alle Toastscheiben von einer Seite zuerst mit der Erdnussbutter bestreichen. Darauf kommt dann eine dünne Schicht Erdbeerkonfitüre.

Auf die Hälfte der Scheiben die Erdbeeren gleichmäßig auslegen und mit je 2 Scheiben Speck toppen. Die anderen Toasts mit der bestrichenen Seite nach unten als Deckel auflegen und leicht andrücken.

Die Butter in der Pfanne schmelzen lassen und die Sandwiches gleichmäßig von beiden Seiten goldbraun braten, bis die Erdnussbutter leicht geschmolzen ist.

TIPP

Das Rezept funktioniert natürlich auch mit einem Hockerkocher oder einfach auf dem Herd.

FAMILIENREZEPTE. PARTYREZEPTE.

Wenn's ein bisschen mehr sein darf ...
... dann sind Rezepte ideal, bei denen die Anzahl der Gäste und die Kapazität des Grills gut miteinander harmonieren. Egal, ob für die nicht ganz kleine Familie oder eine Einladung mit ein paar Gästen – hier finden sich leckere Ideen für die etwas größere Runde.

FAMILIEN-/PARTYREZEPTE

PAPRIKA-TORPEDOS

mit Bacon und Hack

Gefüllte Paprika kennen und mögen fast alle. Schön oben aufgeschnitten, mit Hackfleisch gefüllt und ganz einfach im Backofen fertiggeschmort. Wir haben uns mal eine andere Variante überlegt.

Zutaten
FÜR 6 PORTIONEN

500 g gemischtes Hackfleisch
2 EL BBQ-Rub nach Wahl
150 g geriebener Käse nach Wahl
6 rote Spitzpaprika
18 Scheiben Frühstücksspeck

Benötigtes Zubehör:

Gitter mit Abtropfschale
Thermometer

Grill:

Gasgrill Kugelgrill Keramikgrill

Zubereitung

Das Hackfleisch in eine Schüssel geben, BBQ-Rub und Käse hinfügen und alles so lange gut durchkneten, bis sich das Gewürz und der Käse gleichmäßig im Hackfleisch verteilt haben.

Nun die Spitzpaprika waschen und längs von oben ein Dreieck als Öffnung hineinschneiden. Mit einem Teelöffel das Kerngehäuse vorsichtig herausschaben, dann die Hackmasse in die Paprikaschoten geben und alles behutsam andrücken. Das herausgeschnittene Dreieck als Deckel wieder einsetzen.

Als Nächstes die Paprika mit 3-4 Speckscheiben, je nach Größe, überlappend umwickeln. Die eingewickelten Schoten auf ein Gitter mit Abtropfschale legen und in eine Schote ein Thermometer stecken.

Den Grill auf 160 °C indirekte Hitze einregeln und die Schoten für ca. 60 Minuten im indirekten Bereich auf dem Grill lassen, bis das Hackfleisch eine Kerntemperatur von 80 °C aufweist und der Speck rundum schön gebräunt ist.

TIPP

Wer möchte, kann die Torpedos kurz vor Ende der Garzeit noch mit einer BBQ-Sauce glasieren.

Familien-/Partyrezepte

Vegetarische MAIS-PANCAKES

Zutaten
FÜR 8 PORTIONEN

4 Dosen Mais (à 285 g Abtropfgewicht)
200 g Mehl (Type 405)
5 Eier (Gr. M)
Salz
Pfeffer
5 EL neutrales Pflanzenöl

Benötigtes Zubehör:

Pürierstab
elektrisches Rührgerät mit Rührstäben
Plancha, Feuerplatte oder grillgeeignete Pfanne
Schöpfkelle
Burgerkelle oder Pfannenwender (nicht aus Kunststoff)

Grill:

Jeder Grill, auf den eine Plancha oder eine Pfanne passt.

Gasgrill Kugelgrill Smoker Keramikgrill

Diese einfach und schnell gemachten Pancakes sind die herzhafte Version von den „normalen" Pancakes. Bei uns sind sie immer sehr beliebt. Dazu passt hervorragend das Chimichurri (siehe S. 146)

Zubereitung

Den Mais in ein Sieb geben und abtropfen lassen. Anschließend in eine große Schüssel geben und mit dem Pürierstab fein mixen.

Mehl und Eier zugeben, die Mischung mit Salz und Pfeffer würzen. Dann mit dem elektrischen Handrührer gut verquirlen.

Plancha oder Pfanne heiß werden lassen und etwas Öl hineingeben. Ist auch das Öl heiß, den Pancaketeig mit einer Schöpfkelle portionsweise auf die Plancha oder in die Pfanne geben. Wenn sich an der Oberfläche Bläschen bilden, kann der Pancake gewendet werden. So fortfahren, bis der gesamte Teig verbraucht ist und dabei immer etwas weiteres Öl auf die Plancha oder in die Pfanne geben.

TIPP

Die Pancakes schmecken sowohl warm als auch kalt und sind deshalb auch perfekt für unterwegs geeignet.

FAMILIEN-/PARTYREZEPTE

GRILLBAGUETTE

deluxe

Zutaten

FÜR 6 PORTIONEN

400 g gemischtes Hackfleisch
2 EL BBQ-Rub nach Wahl
200 g Gouda (am Stück)
1 Grillbaguette
500 g Frühstücksspeck (in Scheiben)

Benötigtes Zubehör:

Gitter mit Abtropfschale
Thermometer

Grill:

Was mit Hackfleisch geht, geht auch mit Baguette, dachte ich mir. Und so ist dieses Rezept entstanden. Uns allen hat es sehr gut geschmeckt und auch auf YouTube kam das Video gut an. Macht es nach und überzeugt euch selbst!

Zubereitung

Als Erstes das Hackfleisch mit dem gewünschten BBQ-Rub würzen und so lange durchkneten, bis es anfängt zu kleben und Bindung bekommt.

Die Rinde vom Gouda entfernen und ihn dann in nicht zu dicke Streifen schneiden.

Das Baguette längs aufschneiden und vorsichtig mit einem Esslöffel etwas aushöhlen. Die Hälfte des Hackfleischs in die Vertiefung geben und darauf die Käsestreifen verteilen. Das restliche Hackfleisch daraufgeben und zum Schluss die Oberseite des Baguettes aufsetzen.

Die Speckscheiben auf einem Brett überlappend auf die Länge des Baguettes auslegen und das Baguette darin einwickeln. Rundherum gut verschließen und andrücken.

Den Grill auf 160 °C indirekte Hitze einregeln, das Baguette am besten direkt auf den Rost legen und für ca. 1 ½ Stunden auf dem Grill lassen. Die Temperatur zwischendurch schon mal messen. Hat das Hackfleisch im Kern 80 °C erreicht, ist das Fleisch durch, aber noch saftig und kann vom Grill genommen werden.

BACON-CRACKER
mit gesmoktem Frischkäse

Zutaten
FÜR 6 PORTIONEN

400 g Frühstücksspeck (in Scheiben)
200 g Cracker
2 EL Rub nach Wahl
400 g Frischkäse (möglichst feste Konsistenz)
2 EL Fajita-Gewürz (siehe S. 150)

Benötigtes Zubehör:

feuerfeste Schale
Edelstahlschale mit Abtropfgitter
Räucherchips oder -pellets

Grill:

Smoker oder ein anderer Grill mit Räuchermöglichkeit

Dieses Rezept ist ebenso simpel wie genial lecker. Der Geschmack vom gesmokten Frischkäse in Kombination mit den mit Speck umwickelten Keksen – einfach nur der Hammer! Probiert es selbst!

Zubereitung

Zuerst jeweils 2 Speckscheiben über Kreuz legen und immer 1 Cracker darin einwickeln. Rundherum mit dem BBQ-Rub würzen und auf das Abtropfgitter legen.

Den Frischkäse in eine feuerfeste Schale geben und mit dem Fajita-Gewürz verrühren. Den Smoker auf 105 °C einregeln, das Gitter mit den Crackern und die Schale mit dem Frischkäse in den Smoker stellen. Für 1–1½ Stunden im Smoker lassen.

Nach dieser Zeit alles vom Grill nehmen, die Speck-Cracker in den Frischkäse dippen und genießen.

TIPP

Man kann auch nur den Frischkäse smoken und mit Gemüse oder Baguette genießen.

FAMILIEN-/PARTYREZEPTE

Mexican STREET CORN

Bei diesem Gericht kommt alles an Geschmack zusammen: süß, sauer, salzig, scharf. Es ist einfach, schnell, unglaublich lecker und geschmacklich das reinste Abenteuer. Super als Beilage oder als vegetarisches Hauptgericht.

Zutaten

FÜR 8 PORTIONEN

½ Bund Petersilie
4 Dosen Mais (à 285 g Abtropfgewicht)
125 g Mayonnaise
150 g geriebener Parmesan
150 g Feta
2 Limetten
2-3 EL Mexico-Rub (siehe S. 151)
1 EL Tajin-Gewürzmischung
2 EL Agavendicksaft

Benötigtes Zubehör:

große Schwedenschale oder grillgeeignete Auflaufform
Zitruspresse

Grill:

Gasgrill Kugelgrill Keramikgrill

Zubereitung

Zuerst den Grill auf 150 °C indirekte Hitze einregeln. Nun die Petersilie waschen, trocken schütteln und fein hacken.

Den Mais in einem Sieb abgießen und anschließend in die Schwedenschale oder Auflaufform geben. Die Form auf den Grill stellen und 40 Minuten indirekt grillen. Nach dieser Zeit die Form vom Grill nehmen.

Den Mais einmal durchrühren, die Mayonnaise zugeben und den Parmesan unterheben.

Den Feta zerbröckeln und die Limetten auspressen. Beides mit Mexico-Rub, Tajin-Gewürzmischung, Agavendicksaft und gehackter Petersilie zum Mais geben und gut unterheben.

TIPP

Ein Grill ist bei diesem Gericht nicht unbedingt notwendig. Es schmeckt auch aus dem Backofen.

CHEESEBURGER-SCHNECKEN

Zutaten
FÜR 6 PORTIONEN

400 g gemischtes Hackfleisch
Salz
Pfeffer
5 Gewürzgurken
3 EL Ketchup
3 EL Mayonnaise
3 EL Senf
1 Fertig-Pizzateig (aus dem Kühlregal)
6 EL Röstzwiebeln
100 g geriebener Käse nach Wahl

Benötigtes Zubehör:

Dutch Oven Deckel
Backpapier

Grill:

Gasgrill Kugelgrill Keramikgrill

Diese Cheeseburger-Schnecken sind super für jede Party und auch auf Kindergeburtstagen der Renner. Sie schmecken sowohl heiß als auch kalt.

Zubereitung

Das Hackfleisch in eine Schüssel geben, mit Salz und Pfeffer würzen und alles gut verkneten.

Die Gewürzgurken in feine Scheiben schneiden. Ketchup, Mayonnaise und Senf in einer Schale miteinander verrühren.

Den Pizzateig entrollen, das Hackfleisch gleichmäßig dünn auf dem Teig verteilen und mit etwas Saucenmischung bestreichen. Die Gurkenscheiben darauf verteilen und zum Schluss die Röstzwiebeln darüberstreuen. Alles vorsichtig aufrollen und in 8 gleich dicke Scheiben schneiden.

Den Grill auf 170 °C indirekte Hitze einregeln. Einen Dutch-Oven-Deckel mit Backpapier auslegen und die Schnecken darauf verteilen.

Für 40–45 Minuten auf dem Grill lassen, bis die Schnecken goldbraun geworden sind. Warm oder kalt genießen und die restliche Saucen-Mischung zum Dippen verwenden.

TIPP

Auch für dieses Gericht braucht man nicht unbedingt einen Grill. Es schmeckt auch aus dem Backofen.

CARBONARA-KARTOFFELN

Der Klassiker - mal ohne Pasta!

Zutaten
FÜR 6 PORTIONEN

1 kg festkochende Kartoffeln
Salz
300 g Sahne
1 Ei (Gr. M)
150 g geriebener Gouda
Pfeffer
1 Gemüsezwiebel
2 EL Butter
200 g Frühstücksspeck (in Würfeln)
½ Bund Petersilie

Benötigtes Zubehör:

grillgeeignete Pfanne
mittelgroße Schwedenschale oder grillgeeignete Auflaufform

Grill:

Gasgrill Kugelgrill Keramikgrill

Zubereitung

Als Erstes die Kartoffeln 10 Minuten in leicht gesalzenem Wasser vorkochen. Dann abgießen und abkühlen lassen. Die abgekühlten Kartoffeln pellen und in Scheiben schneiden.

Die Sahne in einer Schüssel mit dem Ei und 100 g Käse verrühren, dabei mit Salz und Pfeffer würzen. Die Gemüsezwiebel schälen, halbieren und in kleine Würfel schneiden.

Die Hälfte der Butter in der Pfanne schmelzen und die Zwiebelwürfel darin andünsten, bis sie glasig werden. Nun 130 g Speckwürfel zugeben und kurz mitdünsten.

Eine Schwedenschale oder Auflaufform mit Butter einfetten und die Kartoffelscheiben hineinschichten. Zuerst die Sahnemischung, dann die Zwiebel-Speck-Mischung darüber verteilen.

Den Grill auf 180 °C indirekte Hitze einregeln und die Schale 25 Minuten im indirekten Bereich platzieren.

In der Zwischenzeit die Petersilie waschen, trocken schütteln und ganz fein hacken. Nach Ablauf der 25 Minuten die restlichen Speckwürfel, den restlichen Käse und die Petersilie auf den Kartoffeln verteilen und alles weitere 25 Minuten grillen.

FAMILIEN-/PARTYREZEPTE

Bunte HÄHNCHENSPIESSE

Zutaten
FÜR 10 SPIESSE

500 g Hähnchenbrustfilet
1 Zitrone
60 ml Olivenöl
3 EL Agavendicksaft
1 TL Paprikapulver nach Wahl
1 TL Chiliflocken
Salz
Pfeffer
2 rote Zwiebeln
2 Paprika nach Wahl

Benötigtes Zubehör:

Holz- oder Bambusspieße
Gitter mit Abtropfschale

Grill:

Jeder Grill, der einen indirekten und direkten Bereich hat.

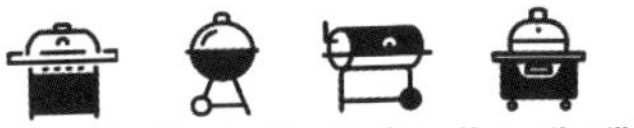

Gasgrill Kugelgrill Smoker Keramikgrill

Schaschlik mal anders: nicht mit Schweinefleisch, sondern in der Hähnchenvariante. Die Spieße sind perfekt für Grillabende mit Freunden und der Familie an lauen Sommerabenden.

Zubereitung

Die Hähnchenbrust kalt abspülen, trocken tupfen und in ca. 3 cm große Würfel schneiden. Die Würfel in eine Schüssel geben.

Die Zitrone auspressen und den Zitronensaft mit Olivenöl, Agavendicksaft, Paprikapulver, Chiliflocken, etwas Salz und Pfeffer zum Hähnchen geben. Alles gut vermengen und für ca. 1 Stunde im Kühlschrank marinieren.

In der Zwischenzeit die Zwiebeln schälen, vierteln und in die einzelnen Schichten trennen. Die Paprika putzen, waschen und in ca. 3 x 3 cm große Stücke schneiden. Abwechselnd das Gemüse mit dem Fleisch auf die Holzspieße stecken. Die Spieße auf das Gitter legen.

Den Grill auf 180 °C indirekte Hitze einregeln und das Gitter mit den Spießen in den indirekten Bereich stellen. Für ca. 20 Minuten auf dem Grill lassen. Dann die Spieße für ca. 10 Minuten auf die direkte Hitze stellen, bis sie schön Farbe bekommen und ein paar Röstaromen bekommen haben.

FAMILIEN-/PARTYREZEPTE

BACON-KARTOFFEL-SPIESSE

Zutaten

FÜR 4 PORTIONEN

2 Zwiebeln
200 g Frühstücksspeck (in Scheiben)
750 g TK-Kartoffelwedges
1 EL BBQ-Rub nach Wahl

Benötigtes Zubehör:

Holz- oder Bambusspieße
Gitter mit Abtropfschale

Grill:

Bacon geht immer und Kartoffeln auch. Hier wird beides vereint! Besonders, wenn es mal schnell gehen soll, sind die Spieße genau die richtige Wahl: Sie sind wirklich schnell gemacht und schmecken uns allen.

Zubereitung

Die Zwiebeln schälen, vierteln und in die einzelnen Schichten trennen. Abwechselnd Speckscheibe, Kartoffelwedges und Zwiebelstücke auf einen Spieß stecken, dabei den Speck wellenartig um Kartoffel und Zwiebel legen. So fortfahren, bis alle Zutaten aufgebraucht sind.

Die Spieße rundherum mit dem Rub würzen und auf das Gitter legen. Den Grill auf 170–180 °C indirekte Hitze einregeln und die Spieße für 20 Minuten auf den Grill stellen. Dann die Spieße wenden, damit auch die Unterseite Farbe bekommt.

TIPP

Dazu schmeckt Zaziki (siehe S. 145) oder ein Kräuterdip.

FAMILIEN-/PARTYREZEPTE

RÄUBERBRATEN

Zutaten

FÜR 6 PORTIONEN

- 2 kg Schweinenacken
- 4 EL Ketchup
- 4 EL Senf
- Salz
- Pfeffer
- 2 TL edelsüßes Paprikapulver
- 1 TL frisch geriebene Muskatnuss
- 3 rote oder weiße Zwiebeln
- 200 ml Gemüsefond

Benötigtes Zubehör:

- Pinsel
- Dutch Oven (DO9)
- Thermometer

Grill:

Wenn am Wochenende die Familie zusammenkommt, muss es etwas Gutes zu essen geben. Ein Braten passt immer und schmeckt fast allen. Aber auch da muss mal was anderes her als die „Standard"-Variante.

Zubereitung

Zuerst den Schweinenacken trocken tupfen und dann von oben im Abstand von ca. 3 cm tief ein-, aber nicht durchschneiden.

Ketchup, Senf, etwas Salz und Pfeffer, Paprikapulver und Muskat in einer Schüssel verrühren. Den Braten mitsamt der Schnittstellen damit einpinseln.

Die Zwiebeln schälen, halbieren und in Streifen schneiden. Einen Teil der Streifen in die Fächer stecken. Mit den restlichen Zwiebelstreifen den Dutch-Oven-Boden auslegen. Den Gemüsefond daraufgießen und den Braten hineinlegen.

Den Gasgrill auf 150 °C indirekte Hitze einregeln und den Dopf auf den Rost stellen. Alternativ 24 Kohlen durchglühen, davon 15 auf den Deckel und 9 unter den Dopf geben.

Den Braten für 2½ Stunden schmoren, zwischendurch mal hineinschauen, ob noch genug Flüssigkeit vorhanden ist. Falls nicht, einfach etwas weiteren Fond nachgießen. Bei einer Kerntemperatur von 75–80 °C ist der Braten fertig.

SCHWEINEBAUCH-LOLLIS

Zutaten
FÜR 6 PORTIONEN

6 Scheiben Schweinebauch, 1 cm dick
1 EL BBQ-Rub nach Wahl
1 EL BBQ-Sauce nach Wahl

Benötigtes Zubehör:

Holzspieße
Fleischplattierer
Gitter mit Abtropfschale

Grill:

Gasgrill Kugelgrill Smoker Keramikgrill

Diese schweinische Leckerei ist einfach der Knaller und hatte in kürzester Zeit über 100.000 Aufrufe auf YouTube. Abgesehen davon, dass wir das so lecker finden, war das einer der Gründe, warum das Rezept mit ins Buch sollte.

Zubereitung

Zuerst Knochen und Schwarte der Schweinebauchscheiben entfernen. Anschließend die Scheiben etwas plattieren.

Die Scheiben von beiden Seiten mit dem BBQ-Rub würzen, dann aufrollen und mit einem Holzspieß fixieren.

Den Grill auf 140 °C indirekte Hitze einregeln. Die Lollis auf das Gitter legen und im indirekten Bereich für 2 Stunden auf dem Grill lassen.

Wer möchte, kann die erste halbe Stunde räuchern. Nach ca. 1½ Stunden die Spieße mit der BBQ-Sauce glasieren.

GYROS-SALZBRATEN

Zutaten
FÜR 6 PORTIONEN

850 g grobes Meersalz
150 g Gyrosgewürz
2,5 kg Schweinenacken

Benötigtes Zubehör:

Edelstahlschale oder grill-geeignete Auflaufform
Backpapier
Thermometer

Grill:

So ein Salzbraten wie früher bei Oma schmeckt uns auch heute noch. Außerdem weckt er Erinnerungen an die Kindheit und die Besuche bei den Großeltern. Was war das schön früher! Aber damit es nicht langweilig wird, haben wir diesen guten alten Braten ein wenig gepimpt.

Zubereitung

Zuerst die Schale mit Backpapier auslegen. Das Salz mit dem Gyrosgewürz vermischen und auf dem Backpapier verteilen. Dann den Schweinenacken auf das Salzbett legen.

Den Grill auf 160–170 °C indirekte Hitze einregeln und den Braten für 2–2½ Stunden garen. Hat der Braten eine Kerntemperatur von 75 °C erreicht, ist er durch und schön saftig.

FAMILIEN-/PARTYREZEPTE

TORTELLINI-AUFLAUF

Zutaten
FÜR 4 PORTIONEN

500 g Tortellini nach Wahl
1 Gemüsezwiebel
2 Möhren
1 Paprika
1 Zucchini
1 EL Olivenöl
1 Dose stückige Tomaten (400 g)
1 EL Tomatenmark
1 EL Kräutersalz (siehe S. 152)
Salz
Pfeffer
2 EL Butter für die Form
100 g geriebener Käse nach Wahl

Benötigtes Zubehör:

Gusseisenpfanne
mittelgroße Schwedenschale oder grillgeeignete Auflaufform

Grill:

Gasgrill Kugelgrill Keramikgrill

Dieser Tortellini-Auflauf kann sowohl vegetarisch als auch mit Fleisch zubereitet werden – je nachdem, für welche Sorte Tortellini man sich entscheidet.

Zubereitung

Zunächst die Tortellini nach Packungsanweisung kochen, dann abgießen und zum Abkühlen beiseitestellen.

Zwiebel und Möhren schälen und klein würfeln. Paprika putzen, waschen und in Würfel schneiden. Zucchini waschen, halbieren und ebenfalls würfeln.

Das Olivenöl in einer Pfanne erhitzen und das Gemüse darin anbraten. Die stückigen Tomaten, das Tomatenmark und das Kräutersalz zugeben. Alles gut verrühren und aufkochen lassen. Mit Salz und Pfeffer abschmecken und beiseitestellen.

Die Schwedenschale oder Auflaufform einfetten und das Gemüse hineingeben. Darauf die Tortellini und zum Schluss den Käse schichten. Den Grill auf 180 °C indirekte Hitze einregeln und die Schale für 30–40 Minuten auf den Grill stellen. Hat der Käse die gewünschte Bräunung erreicht, kann die Form vom Grill genommen und serviert werden.

TIPP

Ein Grill ist nicht zwingend erforderlich, das Rezept gelingt auch im Backofen.

ALL-IN-ONE-POT·ALL-IN-ONE-POT·

In diesem Kapitel geht es um alles, was sich in einer Auflaufform oder im Topf zubereiten lässt und wofür man keine weiteren Töpfe oder Pfannen mehr braucht. Das bedeutet auch: Die Beilage ist schon mit drin und alles ist einfach, ohne viel Aufwand und schnell gemacht.

ALLES IN EINEM TOPF

COUNTRY-PFANNE

Zutaten
FÜR 6 PORTIONEN

1 kg festkochende Kartoffeln
2 Zwiebeln
2 EL Öl zum Anbraten
500 g TK-Brechbohnen
250 g Frühstücksspeck
(in Würfeln)
2 EL Kräuterbutter
Salz
Pfeffer

Benötigtes Zubehör:

Gusseisenpfanne

Grill:
Grill nach Wahl

Die Country-Pfanne ist das Lieblingsgericht von Mir(iam). Die Kombination von Kartoffeln, Zwiebeln, Speck und Bohnen: einfach der Oberknaller! Und weil es so schnell gemacht ist, auch ideal für den Feierabend.

Zubereitung

Die Kartoffeln waschen, schälen und würfeln. Die Zwiebeln schälen, halbieren und in Streifen schneiden.

Das Öl in einer Pfanne erhitzen und die Kartoffelwürfel darin so lange anbraten, bis diese goldbraun und gar sind. Anschließend wieder herausnehmen.

Zwiebeln und Bohnen in die Pfanne geben und so lange braten, bis die Zwiebeln etwas Farbe bekommen und die Bohnen heiß werden. Die Speckwürfel zugeben und alles unter Rühren 5 Minuten weiterbraten.

Zum Schluss die Kartoffelwürfel wieder in die Pfanne geben, die Kräuterbutter unterrühren und alles mit Salz und Pfeffer abschmecken.

ALLES IN EINEM TOPF

WIKINGER-TOPF

Zutaten
FÜR 6 PORTIONEN

1 Gemüsezwiebel
3 EL neutrales Pflanzenöl
½ Bund Petersilie
2 Eier (Gr. M)
1 EL Senf
1 kg gemischtes Hackfleisch
Salz
Pfeffer
4 Möhren
500 g Kritharaki-Nudeln
400 g TK-Erbsen
400 g Sahne
500 g Kräuterschmelzkäse

Benötigtes Zubehör:

Dutch Oven (DO9)

Grill:

Hitzequelle für Dutch Oven, z. B. Hockerkocher, Gasgrill, Holzkohlegrill oder 20 durchgeglühte Kohlen für Unterhitze

Der Wikinger-Topf ist ein einfaches und schnelles Rezept für kleine und auch große Abenteurer: einfach lecker, aus dem Dutch Oven und etwas für die ganze Familie. Die Zutaten sind überschaubar und alles ist ohne großen Aufwand schnell zubereitet.

Zubereitung

Zuerst die Zwiebel schälen und fein hacken. 1 Esslöffel Öl im Dopf erhitzen und die Zwiebel darin glasig andünsten. Anschließend in eine Schüssel umfüllen.

Die Petersilie waschen, trocken schütteln und fein hacken. Mit Eiern, Senf, Hackfleisch, etwas Salz und Pfeffer zu den Zwiebeln geben und die Mischung etwa 10 Minuten durchkneten, bis das Hackfleisch Bindung bekommt. Mit feuchten Händen daraus golfballgroße Bällchen formen. Die Möhren schälen und klein würfeln.

Den Dopf mit 2 Esslöffeln Öl wieder erhitzen und die Bällchen darin rundherum anbraten, bis sie eine schöne Farbe bekommen. Anschließend wieder herausnehmen.

Nun die Kritharaki in den Dopf geben und kurz anbraten. 1 Liter Wasser hinzugießen und etwas Salz hinzugeben. Die klein gewürfelten Möhren und die TK-Erbsen zugeben, alles gut verrühren und so lange köcheln lassen, bis das Wasser fast verkocht ist. Dann die Sahne unterrühren und aufkochen lassen, den Schmelzkäse zugeben und unter Rühren schmelzen lassen. Zum Schluss die Hackbällchen wieder in den Dopf geben und in der Sauce gar ziehen lassen.
Den Wikinger-Topf mit Salz und Pfeffer abschmecken.

ALLES IN EINEM TOPF

Schnelle FEIERABEND-PFANNE

Zutaten
FÜR 6 PORTIONEN

1 kg festkochende Kartoffeln
6 Zwiebeln
1 Spitzkohl
ca. 8 EL neutrales Pflanzenöl
750 g gemischtes Hackfleisch
4 EL Fajita-Gewürz (siehe S. 150)
150 ml Rinderfond
100 g Sahne

Benötigtes Zubehör:

Plancha oder Gusseisenpfanne

Grill:

Jeder Grill, auf den eine Plancha oder Pfanne passt.

Gasgrill Kugelgrill Smoker Keramikgrill

Dieses Rezept ist abends nach der Arbeit ratzfatz gemacht: Hackfleisch und Kohl in Kombination mit Kartoffeln – einfach nur lecker.

Zubereitung

Zuerst die Kartoffeln schälen und in kleine Würfel schneiden. Die Zwiebeln schälen, halbieren und in Streifen schneiden. Den Spitzkohl halbieren, die äußeren Blätter und den Strunk entfernen und die Blätter anschließend in feine Streifen schneiden.

Etwa die Hälfte des Öls auf der Plancha oder in der Pfanne erhitzen und die Kartoffelwürfel so lange anbraten, bis diese rundherum Farbe bekommen. Ist das der Fall, können die Kartoffelwürfel erst einmal weg von der Hitze und in eine Schüssel umgefüllt werden.

Nun das Hackfleisch mit etwas weiterem Öl auf die Plancha geben und so lange anbraten, bis es krümelig wird und Farbe bekommt. Die Zwiebelstreifen hinzugeben und mit etwa 3 Esslöffeln Fajita-Gewürz kräftig würzen. Alles unterheben und kurz mitbraten. Wenn die Zwiebeln glasig werden, alles wieder von der Hitze nehmen und in die Kartoffelschüssel umfüllen.

Nochmals etwas Öl erhitzen und darin den Spitzkohl kräftig anbraten, bis auch dieser Farbe bekommt. Den Spitzkohl mit etwas Fajita-Gewürz aromatisieren.

Kartoffeln und Hackfleisch zum Spitzkohl geben, die Hitze auf kleinste Stufe herunterregeln und den Fond mit der Sahne hinzugeben. Alles durchrühren und sanft köcheln lassen, bis die Kartoffeln gar sind. Zum Schluss nochmals mit dem Fajita-Gewürz abschmecken.

ALLES IN EINEM TOPF

TORTELLINI-HACKFLEISCH-TOPF

Zutaten

FÜR 6 PORTIONEN

2 Zwiebeln
½ Bund Petersilie
4 EL Olivenöl
500 g gemischtes Hackfleisch
2 Knoblauchzehen
1,6 l Gemüsefond
400 g passierte Tomaten
800 g ungekochte Tortellini mit Fleisch- oder Käsefüllung
300 g Sahne
1 EL italienische Kräuter
Salz
Pfeffer

Benötigtes Zubehör:

Dutch Oven (DO9)

Grill:

Da nur Hitze von unten benötigt wird: 20 durchgeglühte Kohlen oder:

Ein wärmender Hackfleisch-Topf ist Soulfood vom Feinsten. Gerade wenn die Tage wieder ungemütlicher, kälter und dunkler werden, ist er genau das Richtige, um abends mit der Familie am Tisch zusammenzusitzen, über den Tag zu plaudern und diesen Topf gemeinsam zu genießen.

Zubereitung

Zuerst die Zwiebeln schälen und in Würfel schneiden. Die Petersilie waschen, trocken schütteln und fein hacken.

Das Olivenöl im Dopf erhitzen und das Hackfleisch darin anbraten, bis es krümelig wird und Farbe bekommt. Nun die Zwiebelwürfel zugeben und mitbraten, bis sie glasig werden. Den Knoblauch schälen und hineinreiben oder -pressen. Alles unter Rühren für 1-2 Minuten weiterbraten.

Mit dem Gemüsefond ablöschen und die passierten Tomaten zugeben. Alles gut durchrühren, dann die Tortellini zugeben. Diese bis zum gewünschten Gargrad köcheln lassen, dabei gelegentlich umrühren.

Wenn die Tortellini gar sind, die Sahne unterrühren und alles mit Salz, Pfeffer und den italienischen Kräutern würzen. Mit der gehackten Petersilie garniert servieren.

TIPP

Ein Grill und ein Dutch Oven sind bei dem Gericht nicht zwingend notwendig. Es funktioniert auch in einem Topf auf dem Herd.

ALLES IN EINEM TOPF

JAMBALAYA

Zutaten
FÜR 6 PORTIONEN

2 Zwiebeln
je 1 rote, gelbe und grüne Paprika
500 g Hähnchenbrustfilet
2 TL neutrales Pflanzenöl
2 Knoblauchzehen
500 g Jasminreis
2 TL Cayennepfeffer
2 TL Pfeffer
2 TL edelsüßes Paprikapulver
2 TL Knoblauchgranulat
800 ml Gemüsebrühe
2 Dosen stückige Tomaten (à 400 g)
½ Bund Petersilie
Salz
Pfeffer

Benötigtes Zubehör:

Dutch Oven (DO9)
Hitzequelle für den Dutch Oven nach Wahl

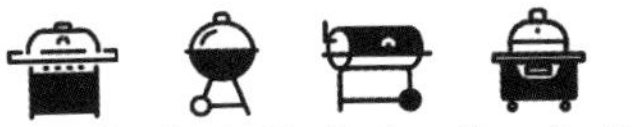

Jambalaya ist ein One-Pot-Klassiker der Cajun-Küche aus Louisiana und New Orleans. Er drückt ein ganzes Lebensgefühl aus und ist echtes Soulfood deluxe. Der Eintopf lässt den Alltag mal für einen Moment vergessen und macht auch an stressigen Tagen einfach nur glücklich!

Zubereitung

Die Zwiebeln schälen und würfeln. Die Paprika halbieren, entkernen, waschen und in Würfel schneiden. Das Hähnchenbrustfilet trocken tupfen und ebenfalls würfeln.

Das Öl im Dopf erhitzen und die Hähnchenwürfel scharf darin anbraten. Dann wieder aus der Pfanne nehmen und die Zwiebeln anbraten. Den Knoblauch schälen und hineinreiben oder -pressen und ganz kurz mitbraten. Jetzt können Reis, Gewürze, Gemüsebrühe und stückige Tomaten dazu.

Alles gut durchrühren und aufkochen. Zwiebeln und Paprika unterrühren und alles bei geschlossenem Deckel 15–20 Minuten bei kleiner Hitze köcheln lassen. Zwischendurch mal umrühren und bei Bedarf etwas Wasser zugeben.

Die Petersilie waschen, trocken schütteln und fein hacken. Nach 15–20 Minuten das Hähnchen wieder zugeben, alles gut durchrühren und heiß werden lassen. Mit Salz und Pfeffer abschmecken und mit der gehackten Petersilie bestreut servieren.

ALLES IN EINEM TOPF

„OVER THE TOP"-CHILI

Zutaten
FÜR 8 PORTIONEN

Für das Chili

1 kg gemischtes Hackfleisch
5 EL Chili-con-Carne-Gewürz (siehe S. 153)
je 1 rote, gelbe und grüne Paprika
2 Chilischoten (Sorte nach Wahl)
2 Zwiebeln
300 g Frühstücksspeck (in Würfeln)
2 Knoblauchzehen
5 Dosen stückige Tomaten (à 400 g)
2 Dosen Kidneybohnen (à 255 g Abtropfgewicht)
70 ml BBQ-Sauce
2-3 EL Senf
50 g dunkle Schokolade (90 % Kakaogehalt)
½ Bund Petersilie
Crème fraîche und Nacho Chips zum Servieren

Nein, dieses Chili hat nichts mit dem bekannten Film zu tun. Es hat seinen Namen deshalb, weil das Hackfleisch langsam geräuchert und über dem Chili gegart wird. So bekommt das Chili seinen unverwechselbaren Geschmack. Für mich ist es, ganz klar, das BESTE Chili, das ich je zubereitet habe.

Zubereitung

Das Hackfleisch mit 3 Esslöffeln Chili-con-Carne-Gewürz würzen und gut durchkneten. Anschließend zu einem „Hackbraten" formen und erst einmal beiseitestellen. Als Nächstes die Paprika halbieren, die Kerngehäuse entfernen, die Schoten waschen und würfeln. Die Chilischoten halbieren, das Kerngehäuse entfernen und anschließend ganz fein hacken. Die Zwiebeln schälen und ebenfalls fein würfeln.

Den Dopf erhitzen und die Speckwürfel darin auslassen. Dann die Zwiebelwürfel hinzugeben und mitbraten. Die Chilischoten in den Dopf geben, diese nur ganz kurz anbraten, dann den Knoblauch schälen und hinzureiben oder -pressen.

Die stückigen Tomaten mit 2 Esslöffeln Chili-Gewürz hinzugeben, die Paprikawürfel und Kidneybohnen zugeben und alles gut verrühren. Für 5 Minuten köcheln lassen und mit der BBQ-Sauce und dem Senf abschmecken. Die Schokolade hinzurühren, alles aufkochen, dann den Deckel daraufgeben und von der Hitze nehmen.

Den Grill auf 110–120 °C indirekte Hitze einregeln. Den Dopf ohne Deckel in den Grill stellen und ein Gitter auf den Dopf geben. Darauf den „Hackbraten" setzen.

Benötigtes Zubehör:

Dutch Oven (DO9)
Gitter oder Rost
Räucherchips oder -pellets (z. B. Hickory)
Thermometer

Grill:

Für das Chili reicht ein Hockerkocher, da erstmal nur Unterhitze benötigt wird. Danach einen Grill mit Möglichkeit zum Räuchern benutzen.

Gasgrill Kugelgrill Smoker Keramikgrill

In den ersten 30 Minuten alle 10 Minuten intensiv räuchern. Das Hackfleisch bis zu einer Kerntemperatur von 70 °C ziehen lassen. Anschließend mit einem Kochlöffel zerdrücken oder mithilfe von zwei Gabeln in das Chili bröseln. Jetzt noch mal alles gut miteinander verrühren.

Die Petersilie waschen, trocken schütteln und fein hacken. Das Chili noch mal abschmecken, dann mit der gehackten Petersilie, einem Klecks Crème fraîche und ein paar Nacho Chips servieren.

TIPP

Würde man von Beginn an einen Keramikgrill nutzen und darin auch direkt das Chili kochen, würde der Grill zu heiß. Es würde eine Ewigkeit dauern, ihn wieder auf 110–120 °C runterzuregeln. Deshalb den Keramikgrill erst nutzen, wenn das Hackfleisch gesmokt wird!

ALLES IN EINEM TOPF

ONE-POT-MAKKARONI

Zutaten
FÜR 6 PORTIONEN

1 Gemüsezwiebel
1 Knoblauchzehe
3 EL neutrales Pflanzenöl
500 g gemischtes Hackfleisch
2 EL Tomatenmark
Salz
Pfeffer
edelsüßes Paprikapulver
600 ml Gemüsefond
200 g Crème fraîche
1 EL getrockneter Thymian
300 g Makkaroni
150 g Käse nach Wahl
½ Bund Petersilie

Benötigtes Zubehör:

Dutch Oven (DO9)

Grill:

Ein Grill, auf den der Dutch Oven passt oder 20 Kohlen durchglühen und die Anzahl bei Bedarf reduzieren.

Dieses Gericht ist immer dann perfekt, wenn es mal wieder schnell gehen muss und mittags oder abends noch was Leckeres gezaubert werden soll, was auch der ganzen Familie schmeckt.

Zubereitung

Die Zwiebel schälen und würfeln, Knoblauch schälen und dann reiben, hacken oder pressen.

Öl im Dopf erhitzen und das Hackfleisch darin so lange braten, bis es krümelig ist und Farbe bekommt. Zwiebelwürfel und Knoblauch hinzugeben und beides kurz mitbraten. Nun das Tomatenmark zugeben und ebenfalls kurz mitbraten. Die Hackmasse mit Salz, Pfeffer und Paprikapulver würzen.

Den Gemüsefond hinzugießen und aufkochen lassen. Crème fraîche und den Thymian unterrühren und alles noch mal aufkochen lassen.

Die Nudeln unterrühren und die Mischung für ca. 15 Minuten köcheln lassen, bis die Makkaroni den gewünschten Gargrad erreicht haben. Den Käse reiben oder hacken und unterrühren.

Die Petersilie waschen, trocken schütteln und fein hacken und die One-Pot-Makkaroni damit bestreut servieren.

ALLES IN EINEM TOPF

HOT-DOG-KARTOFFELPFANNE

Zutaten

FÜR 6 PORTIONEN

Für die Kartoffelpfanne:

2 kg festkochende Kartoffeln
3 Gemüsezwiebeln
6 EL neutrales Pflanzenöl
4 TL Pommes-Frites-Gewürzmischung (siehe S. 152)
10 Wiener Würstchen
200 g geriebener Cheddar

Für den Dip:

4 EL Mayonnaise
4 EL Joghurt
2 EL Ketchup
2 TL mittelscharfer Senf
200 g dänischer Gurkensalat
2 EL Röstzwiebeln
Salz
Pfeffer

Benötigtes Zubehör:

Gusseisenpfanne

Grill:

Hockerkocher oder ein Grill, auf den eine Gusseisenpfanne daraufpasst.

Klingt komisch, schmeckt aber unglaublich lecker. Es ist eine überraschende Kombination, die man auf jeden Fall mal probiert haben muss! Und der Dip gibt dem Ganzen einen vollendeten Geschmack.

Zubereitung

Die Kartoffeln schälen, waschen und dann in Würfel schneiden. Die Zwiebeln ebenfalls schälen und in feine Spalten schneiden. Beides zusammen in eine Schüssel geben und mit 4 Esslöffeln Öl und dem Pommes-Gewürz mischen. Die Wiener Würstchen in Stücke schneiden.

Die Pfanne auf die Hitzequelle stellen, das restliche Öl hineingeben und heiß werden lassen. Die Kartoffel-Zwiebel-Mischung bei mittlerer Hitze anbraten, bis die Kartoffeln Farbe bekommen und die Zwiebeln glasig werden.

Nun die Würstchen zugeben und kurz mitbraten. Anschließend den Käse darüber verteilen und schmelzen lassen.

Für den Dip Mayonnaise, Joghurt, Ketchup und Senf in eine Schüssel geben und gut verrühren. Nun die Gurken fein hacken, in den Dip geben und mit Salz und Pfeffer abschmecken. Die Hot-Dog-Kartoffelpfanne mit dem Dip servieren.

ALLES IN EINEM TOPF

SCHICHTGULASCH

Zutaten
FÜR 6 PORTIONEN

1 kg Gulasch, halb & halb
2 EL ÜBÄRragend oder BBQ-Rub nach Wahl
2 Zwiebeln
je 1 gelbe, rote und grüne Paprika
400 ml Chilisauce
200 g Sahne
300 g Frühstücksspeck (in Würfeln)
optional: gekochte Drillinge (vom Vortag)

Benötigtes Zubehör:

gusseiserne Kastenform oder Dutch Oven (DO6)

Grill:

Gasgrill Kugelgrill Keramikgrill

Gulasch schmeckt ja (fast) jedem und geht wirklich immer. Aber als „All in One"-Dutch-Oven-Gericht ist das noch mal ne ganz andere Nummer. Und auch hier ist die Beilage einfach schon mit drin.

Zubereitung

Zuerst das Gulasch mit dem BBQ-Rub würzen. Nun die Zwiebeln schälen, halbieren und in Streifen schneiden. Die Paprika halbieren, das Kerngehäuse entfernen, Schoten waschen und in Würfel schneiden. Die Chilisauce mit der Sahne verrühren.

Nun in einer Kastenform oder im Dutch Oven zuerst die Speckwürfel verteilen, darauf das Gulasch geben, dann die Zwiebeln und optional die Drillinge vom Vortag. Diese am besten vorher etwas zerdrücken. Jetzt noch die Paprikawürfel und die Saucenmischung darüber verteilen. Die Form etwas schütteln, damit die Sauce bis nach unten fließen kann.

Den Grill auf 160–180 °C indirekte Hitze einregeln und die Form auf den Rost stellen. Für 2 ½–3 Stunden auf dem Grill lassen, bis das Fleisch zart ist.

TIPPS

- Die Drillinge oder festkochenden Kartoffeln können auch ungekocht und gewürfelt mit in den Dopf gegeben werden. Die werden in der Zeit auch gar.
- Das Ganze geht auch im Backofen, gleiche Temperatur, gleiche Zeit!
- Wer Kohlen verwenden möchte, glüht 20 Stück durch, 12 unterm Dopf und 8 obendrauf.

ALLES IN EINEM TOPF

Gesmokte KARTOFFELSUPPE

Zutaten
FÜR 6 PORTIONEN

2 kg festkochende Kartoffeln
1 Bund Suppengrün (Möhre, Lauch, Sellerie, Petersilie)
1 Gemüsezwiebel
2 EL neutrales Pflanzenöl
300 g Frühstücksspeck (in Würfeln)
1,2 l Gemüsefond
½ Bund Petersilie
150 g Crème fraîche
2 TL geriebene Muskatnuss
Salz
Pfeffer

Benötigtes Zubehör:

Dutch Oven (DO9)
Räucherchips oder -pellets
Hitzequelle für den Dutch Oven

Grill:

Smoker und jeder Grill mit der Möglichkeit zum Räuchern.

Smoker Keramikgrill

Wenn die kalte Jahreszeit vor der Tür steht, gibt es fast nichts Schöneres, als den Dutch Oven wieder rauszuholen und leckere Rezepte daraus zu zaubern. Mit der gesmokten Kartoffelsuppe kann man den Herbst perfekt einläuten.

Zubereitung

Die Kartoffeln schälen und bei 110 °C für 2 Stunden auf den Smoker legen, danach vom Smoker nehmen.

In der Zwischenzeit das Suppengrün und die Gemüsezwiebel schälen und grob klein schneiden.

Den Dopf auf die gewünschte Hitzequelle geben und das Öl darin erhitzen. Die Zwiebel hinzufügen und glasig anbraten. Die Speckwürfel dazugeben und kurz mitbraten. Nun das Suppengrün und die Kartoffeln zugeben und den Gemüsefond dazugießen. Das Ganze aufkochen, ab und an umrühren und anschließend für 30 Minuten bei kleiner Hitze köcheln lassen.

Die Petersilie waschen, trocken schütteln und hacken. Zum Schluss die Crème fraîche und die gehackte Petersilie unterheben und mit Muskatnuss, Salz und Pfeffer abschmecken.

ALLES IN EINEM TOPF

MALZBIER-GYROS-TOPF

Wer Gyros-Suppe liebt, sollte auch dieses Rezept unbedingt ausprobieren. Das Malzbier gibt dem Ganzen eine süß-herbe Note. Alles in Allem ein perfektes All-in-One-Gericht!

Zutaten
FÜR 6 PORTIONEN

1 kg festkochende Kartoffeln
2 Zwiebeln
500 g Champignons
1 Chilischote
1 kg Schweinenacken
4 EL Gyrosgewürz
2 EL Olivenöl
2 EL neutrales Pflanzenöl
2 EL Tomatenmark
700 ml Malzbier
500 ml Gemüsefond
Salz

Benötigtes Zubehör:

Dutch Oven (DO9)
Hitzequelle nach Wahl

Grill:

Zubereitung

Zuerst die Kartoffeln schälen und würfeln, die Zwiebeln ebenfalls schälen und klein würfeln. Die Champignons putzen und vierteln. Die Chilischote fein hacken, nach Belieben vorher die Kerne entfernen.

Das Fleisch in Streifen schneiden und in einer Schüssel mit dem Gyrosgewürz kräftig würzen und durchmengen. Das Olivenöl dazugeben und alles noch mal gut mischen.

Das Pflanzenöl im Dopf erhitzen und das Fleisch portionsweise darin anbraten und wieder herausnehmen. Die Zwiebeln anbraten, bis sie glasig werden, dann die Champignons zugeben und so lange mitbraten, bis sie sich um die Hälfte verkleinert haben. Dabei zwischendurch immer mal umrühren. Wenn die Champignons reduziert sind, die gehackte Chili zugeben und 5 Minuten mitbraten. Das Tomatenmark in den Topf geben und kurz mitbraten.

Mit dem Malzbier ablöschen, alles gut durchrühren, dann den Fond zugeben. Die Kartoffeln unterrühren und das Fleisch wieder zurück in den Dopf geben. Den Deckel auflegen und alles unter gelegentlichem Rühren für 20–30 Minuten bei kleiner Hitze köcheln lassen, bis die Kartoffeln gar sind. Vor dem Servieren noch mal mit Salz und weiterem Gyrosgewürz abschmecken.

SÜSSES & BACKEN · SÜSSES & BACKEN ·

Süßes vom Grill? Aber sicher! Mit diesem Thema haben wir uns in diesem Buch sogar etwas mehr beschäftigt, weil wir gemerkt haben: Es muss ja gar nicht immer herzhaft sein. Manchmal braucht man auch was Süßes. Und das geht, ganz klar, auch vom Grill!

TIPP

- Wer keinen Smoker hat, kann auch auf dem Gas- oder Holzkohlegrill räuchern. Entweder mit einer Räucherbox oder mit einem Päckchen aus Aluminiumfolie. Einfach dort die Räucherchips reingeben und in die obere Seite ein paar Löcher stechen. Wer einen Kohlegrill verwendet, der kann die Räucherchips in die Glut geben.

SÜSSES/BACKEN

Gesmokte APFELRINGE

Zutaten

FÜR 5 PORTIONEN

2 Äpfel nach Wahl
1 Fertigblätterteig aus dem Kühlregal
2 EL Butter
1 TL Zimt
2 EL Zucker

Benötigtes Zubehör:

Apfelentkerner
Backpapier
Pinsel
Gitter mit Abtropfschale
Räucherchips oder -pellets

Grill:

Apfelringe schmecken ganz sicher nicht nur in der Weihnachtszeit. Zum Beispiel mit Vanilleeis serviert, schmecken sie auch im Sommer. Und mit gesmokten Apfelringen bekommt das nochmal einen ganz besonderen Geschmack.

Zubereitung

Die Äpfel waschen, schälen und mit dem Apfelentkerner das Kerngehäuse entfernen. Anschließend die Äpfel in ca. ½ cm dicke Scheiben schneiden. Die Löcher in den Scheiben mit einem kleinen Messer noch etwas vergrößern, damit der Teig hindurch passt.

Den Blätterteig entrollen und in 1 cm breite Streifen schneiden. Jeweils 1 Apfelscheibe mit 1 Blätterteigstreifen umwickeln. Die gewickelten Apfelscheiben auf einen Teller legen, die Butter schmelzen und die Oberseite der Apfelringe damit bepinseln. Jetzt noch mit Zimt und Zucker bestreuen und auf das Gitter legen.

Den Smoker auf 110 °C einregeln und die Apfelringe mit dem Gitter auf den Grill stellen. Für 15 Minuten smoken, anschließend die Temperatur auf 130 °C erhöhen und die Äpfel für weitere 20–30 Minuten auf dem Grill lassen.

Nach dieser Zeit das Gitter vom Grill holen und die Apfelringe ca. 5 Minuten abkühlen lassen. Im Sommer zum Beispiel mit Vanilleeis und im Winter mit warmer Vanillesauce servieren.

ZIMTSCHNECKEN

Zutaten
FÜR 4 PORTIONEN

Für die Zimtschnecken:

1 Rolle Hefeteig aus dem Kühlregal
70 g zimmerwarme Butter
80 g brauner Zucker
2 TL Zimt

Für das Icing:

100 g Frischkäse
80 g Puderzucker
1 TL Vanilleextrakt
50 g zimmerwarme Butter

Benötigtes Zubehör:

Dutch-Oven-Deckel (DO9)
Backpapier

Grill:

Gasgrill Kugelgrill Keramikgrill

Diese Zimtschnecken sind so unglaublich lecker und das Icing verleiht ihnen noch das besondere Etwas. Bei uns sind sie sehr beliebt, nicht nur, wenn Besuch kommt.

Zubereitung

Den Hefeteig auf einem Brett entrollen. In einer Schale die zimmerwarme Butter mit Zucker und Zimt verrühren und gleichmäßig mit einem Schmiermesser auf dem Hefeteig verstreichen.

Von der langen Seite aufrollen und in 8 gleich dicke Scheiben schneiden. Den Dutch-Oven-Deckel mit dem Backpapier auslegen und die Rollen darauf verteilen.

Frischkäse mit Puderzucker, Vanilleextrakt und der zimmerwarmen Butter verrühren und bis zur weiteren Verwendung in den Kühlschrank stellen.

Den Grill auf 170 °C indirekte Hitze einregeln und den Dutch-Oven-Deckel in den indirekten Bereich stellen. Für 25–30 Minuten auf dem Grill lassen, bis die Schnecken eine schöne Bräunung bekommen. Dann vom Grill nehmen und 5 Minuten auskühlen lassen. Anschließend mit dem Icing bestreichen.

TIPP

Dieses Rezept funktioniert auch im Backofen. Gleiche Temperatur, gleiche Zeit.

POFFERTJES

Zutaten
FÜR 6 PORTIONEN

4 Eier (Gr. M)
2 Prisen Salz
2 Päckchen Vanillezucker
75 g Zucker
250 g Mehl
225 ml Milch
1 Päckchen Backpulver
3 EL neutrales Pflanzenöl zum Braten
3 EL Puderzucker

Benötigtes Zubehör:

elektrisches Rührgerät mit Rührstäben
Plancha, Feuerplatte oder grillgeeignete Pfanne

Grill:

Jeder Grill, auf den eine Plancha oder eine Pfanne passt.

Gasgrill Kugelgrill Smoker Keramikgrill

Diese holländischen Mini-Pfannkuchen sind nicht nur bei Kindern beliebt. Sie sind schnell zubereitet und schmecken auch den „Großen". So zum Nachtisch oder für unterwegs ein super Snack. Schmeckt nur mit Puderzucker oder aber auch mit Früchten und Apfelmus.

Zubereitung

Eier mit Salz, Vanillezucker und Zucker mit dem Handrührer schaumig aufschlagen. Abwechselnd 200 g Mehl und die Milch unterrühren und 15 Minuten quellen lassen. Nun 50 g Mehl mit dem Backpulver vermischen und unter den Teig mischen.

Eine Plancha oder Pfanne erhitzen, darauf das Öl erhitzen und mit einem Teelöffel kleine „Häufchen" Teig hineingeben. Bei mittlerer Hitze die Poffertjes goldbraun backen. Wenn sich an der Oberseite Blasen bilden, kann gewendet werden.

Den Teig komplett verarbeiten und die fertigen Poffertjes mit Puderzucker bestäuben.

APRIKOSEN-MANDEL-AUFLAUF

Zutaten

FÜR 6 PORTIONEN

20 g gehobelte Mandeln
3 Eier (Gr. M)
1 Prise Salz
40 g Vanillezucker
200 g Sahne
4 Scheiben Toastbrot
100 g getrocknete Aprikosen
20 ml Amaretto (optional)
15 g Butter
30 g Zucker für die Form
250 ml Vanillesauce (Fertigprodukt))

Benötigtes Zubehör:

elektrisches Rührgerät mit Rührstäben
mittelgroße Schwedenschale oder Auflaufform
Pinsel

Grill:

Gasgrill Kugelgrill Keramikgrill

Das Rezept ist mir vor Kurzem wieder eingefallen: Wir hatten es ewig nicht mehr gemacht, dabei war es doch so lecker! Wir haben es von meinem ehemaligen Arbeitskollegen bekommen und vor Ewigkeiten auch mal verfilmt. Und weil das alles schon so lange her ist, wollten wir es unbedingt in dieses Buch aufnehmen.

Zubereitung

Die gehobelten Mandeln in einer Pfanne ohne Öl anrösten, bis sie eine schöne Bräunung haben, dann beiseitestellen.

Die Eier trennen. Eiweiß mit Salz steif schlagen, dann den Vanillezucker hinzugeben und alles weiterquirlen, bis sich die Zuckerkristalle aufgelöst haben.

Eigelb mit Sahne in einer zweiten Schüssel verquirlen. Die Toastbrotscheiben in ca. 1 x 1 cm große Würfel schneiden und die Aprikosen klein hacken. Beides zur Sahne-Eigelb-Mischung geben und unterrühren. Nach Belieben den Amaretto in die Mischung rühren.

Den Boden der Form mit der Butter bepinseln und anschließend mit Zucker ausstreuen. Den Eischnee unter die Eigelb-Mischung heben und alles gleichmäßig in der Auflaufform verteilen.

Den Grill auf 160–180 °C indirekte Hitze einregeln und die Form für 30-35 Minuten auf dem Grill lassen. Dann vom Grill nehmen, auf Tellern anrichten und mit etwas Vanillesauce servieren.

SÜSSES/BACKEN

Gegrillte WASSERMELONE

Zutaten
FÜR 6 PORTIONEN

1 mittelgroße Wassermelone
70 g Puderzucker
2 Limetten
6 EL Olivenöl
1 TL Chiliflocken nach Belieben

Benötigtes Zubehör:

Zitruspresse

Grill:

Gasgrill Kugelgrill Smoker Keramikgrill

Klingt lecker und ist es auch! Sieht super aus, ist ganz einfach gemacht und der Hit auf jeder Party!

Zubereitung

Die Wassermelone waschen und in ca. 4 cm dicke Scheiben schneiden. Die Kerne können entfernt werden, man kann sie aber auch drin lassen.

Die Scheiben mit Küchenpapier trocken tupfen und anschließend mit 40 g Puderzucker bestäuben.

Für die Glasur die Limetten waschen und auspressen. Den Limettensaft mit dem Olivenöl verrühren, 30 g Puderzucker hinzugeben und nach Belieben Chiliflocken. Alles gut verrühren und erst einmal beiseitestellen.

Den Grill auf 180 °C direkte Hitze einregeln und die Melonenscheiben für 2-3 Minuten direkt auf den Rost legen, danach wenden und nochmal 2-3 Minuten grillen. Vom Rost nehmen, auf einer Platte anrichten und mit der Limetten-Öl-Mischung beträufelt anrichten.

SÜSSES SCHASCHLIK

Zutaten
FÜR 8 PORTIONEN

800 g Obst nach Saison (z. B. Äpfel, Ananas, Orangen, Erdbeeren oder Trauben)
24 Marshmallows
100 g Schokolade
1 Schuss Sahne

Benötigtes Zubehör:

Bambus- oder Edelstahlspieße
mittelgroße Schwedenschale
Backpapier

Grill:

Jeder Grill mit einer direkten und indirekten Zone.

Gasgrill Kugelgrill Smoker Keramikgrill

Schaschlik mal anders, denn es geht auch in süß und schmeckt Groß und Klein. Je nach Saison kann man bei den Früchten variieren – und so schmecken die Spieße das ganze Jahr, aber immer anders.

Zubereitung

Je nachdem, welche Früchte verwendet werden, diese waschen, schälen und so würfeln, dass man sie aufspießen kann.

Die Fruchtstücke abwechselnd mit den Marshmallows auf Spieße stecken. Die Schwedenschale mit Backpapier auslegen und die Spieße hineingeben. Wenn das Obst etwas Farbe angenommen hat, kurz über die direkte Hitze halten. Vorsicht, die Edelstahlspieße sind heiß!

Währenddessen die Schokolade in Stücke brechen und in einer feuerfesten Schale im indirekten Bereich des Grills schmelzen und mit der Sahne verrühren.

Die Spieße mit der Schokosauce servieren.

SÜSSES/BACKEN

APFELTASCHEN

Zutaten

FÜR 6 PORTIONEN

1 Rolle Blätterteig aus dem Kühlregal
4 Äpfel
70 g brauner Zucker
1 TL Zimt
1 Ei (Gr. M)
2 EL Sahne
1 EL Puderzucker

Benötigtes Zubehör:

Gusseisenpfanne
Pinsel
Backpapier
Grill-Gemüseplatte oder Edelstahlschale

Grill:

Gasgrill Kugelgrill Keramikgrill

Zubereitung

Die Blätterteigrolle aus dem Kühlschrank nehmen und Zimmertemperatur annehmen lassen. Währenddessen die Äpfel schälen, vierteln, die Kerngehäuse entfernen und das Fruchtfleisch in kleine Würfel schneiden.

Die Pfanne erhitzen und die Apfelwürfel hineingeben. Mit Zucker und Zimt bestreuen und 5–10 Minuten andünsten, bis die Füllung weich ist, aber noch stückig. Beiseitestellen und auskühlen lassen.

Den Grill auf 180 °C indirekte Hitze einregeln. Den Blätterteig auf eine Arbeitsfläche geben, längs in der Mitte durchschneiden und zweimal quer, so dass 6 Rechtecke entstehen.

Das Ei trennen und mit dem Eiweiß die Ränder bepinseln. Auf jedes Rechteck 2 Esslöffel Apfelfüllung auf eine Teigseite geben und die gegenüberliegende Seite darüberklappen. Die Ränder mit einer Gabel festdrücken und die Oberseite mit einem scharfen Messer dreimal vorsichtig einschneiden.

Das Backpapier auf die Grill-Gemüseplatte oder Edelstahlschale geben und die Apfeltaschen darauflegen. Das Eigelb mit der Sahne verrühren und die Taschen damit bepinseln. Für 15-20 Minuten auf dem Grill lassen, bis die Apfeltaschen goldbraun sind. Anschließend vom Grill nehmen, etwas abkühlen lassen und mit Puderzucker bestäubt servieren.

TIPP

Die Apfelfüllung kann man auch auf dem Herd gut vorbereiten. Dann steht das Dessert noch schneller auf dem Tisch!

SÜSSE PÄCKCHEN vom Grill

Zutaten
FÜR 6 PÄCKCHEN

3 Äpfel
2 Bananen
100 g gemischte Beeren
100 g gemischte Nusskerne (z. B. Cashewkerne oder Mandeln)
50 g Butterkekse
100 g Schokolade (Zartbitter, Vollmilch oder weiße Schokolade)
3 TL brauner Zucker
1 TL Zimt

Benötigtes Zubehör:

6 Bögen Backpapier
Küchengarn

Grill:

Grill nach Wahl

Dieser Nachtisch ist mal ein bisschen anders. Die Päckchen sind fast wie kleine Schokobrunnen, denn nach dem Grillen haben alle Zutaten einen Schokoüberzug. Die Zutaten können variieren und der Fantasie und Kreativität sind keine Grenzen gesetzt. Also, gebt in die Päckchen, was ihr am liebsten mögt – es schmeckt immer!

Zubereitung

Obst waschen und in mundgerechte Stücke schneiden, die Beeren ganz belassen. Mit Nüssen gleichmäßig auf den Backpapier-Bögen verteilen.

Die Butterkekse grob zerkleinern, die Schokolade nach Wahl in Stücke brechen. Beides ebenfalls auf den Backpapier-Bögen verteilen.

Zucker und Zimt verrühren und über die Füllungen streuen, dann die Seiten der Bögen hochnehmen und mit Küchengarn zu Päckchen binden. In der Resthitze des Grills so lange auf dem Grill lassen, bis die Schokolade geschmolzen ist.

GRILL-ÄPFEL

Zutaten
FÜR 6 PORTIONEN

6 kleine Äpfel
2 EL neutrales Pflanzenöl
2 EL Butter
3 EL brauner Zucker
3 EL gemahlene Mandeln
1-2 Prisen Zimt

Benötigtes Zubehör:

Gitter mit Abtropfschale
Pinsel
kleine Edelstahlschale

Grill:

Gasgrill Kugelgrill Keramikgrill

Diese Äpfel erinnern ein wenig an die kandierten Äpfel, die es auf jeder Kirmes gibt oder auf dem Weihnachtsmarkt. Sie sind aber noch besser, weil sie selbst gemacht sind! Sie machen echt nicht viel Arbeit, sind einfach lecker und man hat mit ganz wenigen Zutaten einen feinen Nachtisch gezaubert.

Zubereitung

Als Erstes die Äpfel waschen, etwas einritzen, damit sie nicht platzen und auf das Gitter mit der Abtropfschale geben. Danach mit Öl bepinseln.

Den Grill auf 180 °C indirekte Hitze einregeln und die Äpfel für 20–30 Minuten auf dem Grill lassen. Zwischendurch immer mal wenden. In der Zwischenzeit die Butter in eine kleine Schale geben und zerlassen, den braunen Zucker mit Mandeln und Zimt in einer Schale oder einem tiefen Teller verrühren.

Wenn die Zeit rum ist, die Äpfel vom Grill nehmen, mit der flüssigen Butter bepinseln und in der Zucker-Mandel-Zimt-Mischung wälzen. Wieder auf das Gitter geben und für weitere 10 Minuten zurück auf den Grill stellen, damit der Zucker karamellisieren kann. Vom Grill nehmen, kurz abkühlen lassen und dann servieren.

CHEESECAKE vom Grill

Zutaten

FÜR 24 STÜCK

120 g Vollkorn-Butterkekse
100 g Butter
1 Bio-Zitrone
500 g Quark (20 % Fett)
500 g Doppelrahm-Frischkäse
150 g Zucker
1 Päckchen Vanillezucker
3 Eier (Gr. M)
1 kg TK-Erdbeeren
2 EL Puderzucker

Benötigtes Zubehör:

Zip-Beutel
Nudelholz
mittelgroße Schwedenschale oder rechteckige Backform
Backpapier
elektrisches Rührgerät mit Rührstäben
Pürierstab

Grill:

Gasgrill Kugelgrill Keramikgrill

Zubereitung

Die Butterkekse in einen Zip-Beutel geben und mit der Küchenrolle so oft darübergehen, bis sie fein gebröselt sind.

Nun die Butter in einer Schale schmelzen, die Keksbrösel dazugeben und alles gut vermengen. Backpapier in die Schwedenschale legen, dabei die Ecken von außen nach innen ca. 3 cm einschneiden, so liegt es besser in der Form. Nun die Keksbrösel hineingeben und mit einem Löffel fest andrücken.

Für die Creme die Zitrone heiß waschen, trocknen und die Schale dünn abreiben. Zusammen mit Quark, Frischkäse, Zucker, Vanillezucker und den Eiern in eine Schüssel geben und verquirlen. Die Masse auf den Keksboden geben und glatt streichen.

Den Grill auf 180 °C indirekte Hitze einregeln und den Kuchen mittig auf den Grill stellen. Für 60 Minuten auf dem Grill lassen, bis er anfängt, leicht braun zu werden. Dann den Kuchen vom Grill nehmen und auskühlen lassen. Er ist noch etwas flüssig, wird jedoch beim Auskühlen fest.

In der Zwischenzeit die Erdbeeren antauen lassen und die Zitrone auspressen. Den Zitronensaft mit den Erdbeeren und dem Puderzucker in ein hohes Gefäß geben und mit dem Pürierstab zu einer sämigen Sauce mixen.

Den vollständig abgekühlten Kuchen mit dem Backpapier aus der Form heben und auf ein Brett stellen. Auf der langen Seite zweimal und auf der breiten Seite dreimal schneiden, sodass 12 Stücke entstehen. Diese Stücke alle noch mal diagonal durchschneiden, so entstehen 24 schöne Dreiecke. Den Kuchen zusammen mit der Erdbeersauce servieren.

SMORE'S BURGER

Zutaten
FÜR 6 PORTIONEN

100 g Vollmilchschokolade
6 Brötchen oder
Brioche-Buns
12 Marshmallows

Benötigtes Zubehör:
Spieße für die Marshmallows

Grill:
Restglut vom Kohlegrill oder
Lagerfeuer.

Kugelgrill Keramikgrill

Smore's, den Lagerfeuer-Snack aus USA und Kanada, kennt sicher fast jeder mittlerweile: angeröstete Marshmallows zwischen zart schmelzender Schokolade und zwei Keksen. Ich habe mir eine Variante überlegt, die mindestens genauso lecker ist!

Zubereitung

Die Schokolade auf der Küchenreibe raspeln. Die Brötchen aufschneiden.

Zunächst die Brötchen aufschneiden und auf die Unterseite die Hälfte der Schokoraspeln verteilen.

Die Marshmallows aufspießen und über der Glut des Grills oder offenem Feuer vorsichtig anrösten. Sofort jeweils 2 Marshmallows auf die Brötchenunterseiten mit den Schokoraspeln geben. Die restlichen Schokoraspel darüberstreuen und die Brötchen-Oberseiten auflegen.
Fertig ist der geniale Nachtisch an einem gemütlichen Grillabend.

Gegrillte PFIRSICHE

Zutaten
FÜR 6 PORTIONEN

6 gelbfleischige Pfirsiche, alternativ 12 Pfirsichhälften aus der Dose
30 g Butter
600 g Mascarpone
300 g Crème fraîche
10 EL Honig

Zum Garnieren:

Himbeeren, gehackte Pistazienkerne, Mandeln oder Haselnusskrokant

Benötigtes Zubehör:

Pinsel

Grill:

Gasgrill Kugelgrill Keramikgrill

Gegrillte Pfirsiche entwickeln beim Grillen ein herrliches Karamell-Aroma und einen intensiven Geschmack. Die Kombination aus der heißen, gegrillten Pfirsichhaut außen, der weichen, warmen Frucht im Inneren und der köstlichen kalten Creme ist ein Genuss, den ihr im Sommer unbedingt probieren solltet!

Zubereitung

Als Erstes die Pfirsiche waschen, halbieren und die Steine entfernen. Die Butter zerlassen und die Schnittflächen mit der Butter bestreichen.

Für die Creme Mascarpone, Crème fraîche und Honig miteinander verrühren.

Den Grill auf 180 °C indirekte Hitze einregeln und die Pfirsichhälften mit den Schnittflächen nach unten auf den Grillrost geben. Nach 5 Minuten vom Grill nehmen.

Die Creme auf Dessertteller verteilen, die Pfirsichhälften daraufgeben und mit Himbeeren, Pistazien, Mandeln oder Krokant bestreut servieren.

SAUCEN & GEWÜRZE

Saucen und Gewürzmischungen sind ganz elementar für ein ausgewogenes Geschmackserlebnis. Egal, ob ein Gericht auf dem Grill oder im Dutch Oven zubereitet wird, Gewürze und Saucen geben immer den letzten Schliff.
Beide Komponenten können ganz unterschiedlich eingesetzt werden, deshalb ist es bei den Rezepten kaum möglich, eine Portionsangabe zu machen – mal braucht man mehr, mal weniger – und deshalb fehlt der Hinweis hier absichtlich.

BACON-ZAZIKI

Zutaten

½ Salatgurke
Salz
½ Bio-Zitrone
250 g griechischer Joghurt (10 % Fett)
3 Knoblauchzehen
½ Bund Dill
200 g Frühstücksspeck (in Scheiben)
Pfeffer

Zubereitung

Die Gurke waschen und raspeln. Damit die Gurke später nicht so viel Wasser abgibt und das Zaziki verwässert, die Gurkenraspel in einer Schüssel mit etwas Salz vermengen. Etwa 15 Minuten stehen lassen, dann die Gurkenraspel in einem Tuch gut ausdrücken.

Den Jogurt in eine Schüssel geben. Die Gurkenraspel zugeben. Die halbe Zitrone auspressen und den Saft hinzugießen.

Die Knoblauchzehen schälen und hineinreiben oder -pressen. Den Dill waschen, trocken schütteln, fein hacken und ebenfalls zum Joghurt geben.

Die Speckscheiben bei mittlerer Hitze in einer Pfanne auslassen und braten, bis sie eine schöne Farbe bekommen und kross werden. Auf Küchenpapier geben und abtupfen, dann ganz fein hacken. Vom ausgelassenen Speckfett 1 Esslöffel abnehmen.

Den gehackten Frühstücksspeck und das Speckfett zum Joghurt geben. Alles gut verrühren, mit Salz und Pfeffer abschmecken und abgedeckt im Kühlschrank 1 Stunde ziehen lassen.

CHIMICHURRI

Zutaten

2 Bund Petersilie
1 rote Zwiebel
½ rote Chilischote
2 Knoblauchzehen
1 TL getrockneter Thymian
1 TL getrockneter Oregano
1 Limette
Salz
Pfeffer
100 ml Olivenöl (ggf. mehr)

Benötigtes Zubehör:

Zitruspresse

Diese Gewürzpaste stammt aus Argentinien und ist nicht nur dort sehr beliebt. Wenn wir auf Promos unterwegs sind und unser Chimichurri dabei haben, sind die Schalen meist ganz schnell leer. Schließlich schmeckt Chimichurri nicht nur zu Steak, sondern auch auf Pancakes oder gegrilltem Baguette.

Zubereitung

Die Petersilie waschen und trocken schütteln. Anschließend mitsamt der Stiele fein hacken und in eine Schüssel geben. Die rote Zwiebel schälen, ganz fein würfeln und zur Petersilie geben.

Das Kerngehäuse der halben Chilischote nach Belieben entfernen, je nachdem, wie scharf man es mag. Die Schote fein hacken. Den Knoblauch schälen, reiben oder ebenfalls ganz fein hacken. Beides zusammen mit Thymian und Oregano zur Petersilie geben.

Die Limette auspressen und den Saft zur Petersilienmischung geben. Alles gut verrühren, mit Salz und Pfeffer würzen und mit so viel Olivenöl aufgießen, bis eine pastöse Konsistenz entsteht. Das Chimichurri zum Schluss nochmals nach Belieben abschmecken, bis alle Komponenten harmonieren.

BACON JAM

Zutaten

1 Gemüsezwiebel
500 g Frühstücksspeck (in Würfeln)
1 Knoblauchzehe
100 g brauner Zucker
100 ml Whiskey
100 ml Aceto balsamico
100 ml Ahornsirup
300 ml BBQ-Sauce nach Wahl (sollte etwas Schärfe haben)
1 TL geräuchertes Paprikapulver
Salz
1 TL gemahlener bunter Pfeffer

Benötigtes Zubehör:

Gusseisenpfanne oder Dutch Oven (DO6)
Hockerkocher oder andere Hitzequelle

Diese „Marmelade" schmeckt zu Steak, Baguette, auf Burger und vielem mehr. Sie ist schnell gemacht und einfach lecker.

Zubereitung

Zuerst die Zwiebel schälen, halbieren und anschließend in kleine Würfel schneiden.

Pfanne oder Dopf erhitzen und den Frühstücksspeck darin auslassen. Wenn der Speck Farbe bekommt, die Zwiebelwürfel hinzugeben. Unter Wenden mitbraten, bis sie glasig werden.

Die Knoblauchzehe schälen, hinzureiben oder -pressen und ebenfalls kurz mitanbraten. Den braunen Zucker hinzugeben und so lange rühren, bis er leicht karamellisiert, dann mit Whiskey und Aceto balsamico ablöschen.

Ahornsirup und BBQ-Sauce unterrühren, das geräucherte Paprikapulver und den bunten Pfeffer hinzugeben und alles mit Salz und Pfeffer abschmecken.

TIPP

Reste in abgekochte Gläser füllen. Luftdicht verschlossen und im Kühlschrank aufbewahrt, sind sie dann noch ca. 3 Wochen haltbar.

GUACAMOLE

Zutaten

2 reife Avocados
2 Strauchtomaten
2 Knoblauchzehen
½ Zitrone
1 EL Joghurt
Salz
Pfeffer

Benötigtes Zubehör:

Zitruspresse

Dieser aus Mexiko stammende Avocado-Dip ist ganz schnell selbst zubereitet. Er schmeckt herrlich frisch und passt zu Fleisch, als Aufstrich aufs Brot oder zum Dippen mit Nachos.

Zubereitung

Zuerst die Avocados halbieren und den Kern entfernen. Mit einem Löffel das Fruchtfleisch herauslösen, in eine Schüssel geben und mit einer Gabel zu Mus zerdrücken.

Die Tomaten waschen und trocken tupfen. Stielansätze und Kerne entfernen, das Fruchtfleisch in feine Würfel schneiden. Die Knoblauchzehen schälen und reiben, fein hacken oder durch die Presse drücken. Die halbe Zitrone auspressen.

Tomaten, Knoblauch, Zitronensaft und Joghurt zum Avocado-Mus geben und alles miteinander verrühren. Zum Schluss noch mit Salz und Pfeffer abschmecken.

TIPP

Passt zu Tortillas, Nachos und allem, was man dippen kann.

RUCOLA-PESTO

Zutaten

250 g Rucola
150 g Parmesan
1 Chilischote
1 Zitrone
2 EL Aceto balsamico
Salz
Pfeffer
50–100 ml Olivenöl

Benötigtes Zubehör:

Zitruspresse
Pürierstab

Dieses Pesto ist ein echter Alleskönner: Es schmeckt zu Nudeln, mit Fleisch oder auf dem Baguette.

Zubereitung

Rucola waschen und trocken schleudern, anschließend in ein hohes Gefäß geben. Den Parmesan reiben und dazugeben.

Die Chilischote waschen, halbieren, und je nach gewünschtem Schärfegrad die Kerne entfernen oder in der Schote lassen. Dann fein hacken und ebenfalls zum Rucola geben.

Die Zitrone auspressen und den Saft zusammen mit Aceto balsamico, etwas Salz und Pfeffer sowie erst einmal 50 ml Olivenöl hinzugeben. Alles mit dem Pürierstab mixen, bis die gewünschte Konsistenz entstanden ist, dabei bei Bedarf weiteres Olivenöl hinzugießen. Zum Schluss nochmal mit Salz und Pfeffer abschmecken.

FAJITA-Gewürzmischung

Zutaten

3 TL Chiliflocken
2 TL Meersalz
2 TL geschroteter bunter Pfeffer
2 TL Cayennepfeffer
2 TL Knoblauchgranulat
1 TL Zwiebelpulver
1 TL rosenscharfes Paprikapulver
1 TL gemahlener Koriander
1 TL gemahlener Kreuzkümmel
1 TL getrockneter Oregano
1 TL getrocknete Petersilie

Alle Zutaten in eine Schüssel geben und gleichmäßig miteinander verrühren. Dann portionsweise verwenden und Reste luftdicht und dunkel aufbewahren.

SÜSSER-BÄR-Gewürzmischung

Zutaten

1 EL Senfkörner
3 EL brauner Zucker
3 EL edelsüßes Paprikapulver
1 EL Chiliflocken
2 EL Meersalz
1 EL gemahlener bunter Pfeffer
1 EL Zwiebelpulver
1 EL Knoblauchgranulat

Die Senfkörner mit dem Mörser zerdrücken. Mit allen übrigen Zutaten in eine Schüssel geben und gleichmäßig miteinander verrühren. Dann portionsweise verwenden und Reste luftdicht und dunkel aufbewahren.

MEXICO-Gewürzmischung

Zutaten

3 EL rosenscharfes Paprikapulver
1 EL edelsüßes Paprikapulver
1 TL Cayennepfeffer
1 EL gemahlenes Meersalz
1 EL gemahlener bunter Pfeffer
1 EL Knoblauchgranulat
1 EL Chilipulver
1 EL getrockneter Oregano
1 EL Kreuzkümmel

Alle Zutaten in eine Schüssel geben und gleichmäßig miteinander verrühren. Dann portionsweise verwenden und Reste luftdicht und dunkel aufbewahren.

KRÄUTERSALZ

Zutaten

100 g feines Meersalz
1 TL getrockneter Oregano
1 TL getrocknetes Basilikum
1 TL getrockneter Salbei
1 TL getrockneter Thymian

Alle Zutaten in eine Schüssel geben und gleichmäßig miteinander verrühren. Dann portionsweise verwenden und Reste luftdicht und dunkel aufbewahren.

POMMES-FRITES-Gewürzmischung

Zutaten

3 TL feines Meersalz
3 TL Knoblauchgranulat
2 TL edelsüßes Paprikapulver
1 TL rosenscharfes Paprika-pulver
½ TL Kurkumapulver

Alle Zutaten in eine Schüssel geben und gleichmäßig miteinander verrühren. Dann portionsweise verwenden und Reste luftdicht und dunkel aufbewahren.

TIPP

Diese Gewürzmischung passt übrigens zu jeder Art Kartoffel. Nicht nur zu Pommes ...

CHILI-CON-CARNE-Gewürzmischung

Zutaten

8 EL edelsüßes Paprikapulver
5 EL gemahlener Kreuzkümmel
4 EL getrockneter Oregano
4 EL Meersalz
3 EL Cayennepfeffer
2 EL gemahlener schwarzer Pfeffer
2 EL gemahlener weißer Pfeffer
2 EL dunkler Backkakao
1 EL Pimentpulver
1 TL Nelkenpulver
1 TL Zimtpulver

Alle Zutaten in eine Schüssel geben und gleichmäßig miteinander verrühren. Dann portionsweise verwenden und Reste luftdicht und dunkel aufbewahren.

REGISTER

T

V

W

Z

Über die Autoren

Mittlerweile hat Michael sein Hobby zum Beruf gemacht und arbeitet als Chef-Grillmeister in der Grillakademie von S&E in Dortmund.

Dort begeistert er in jedem Kurs aufs Neue die Teilnehmer, zeigt ihnen Tricks und Kniffe an jeglichem Grill und gibt sein Know-how weiter.

Seine Liebe zum Grillen, sei es auf der Feuerplatte, am Gasgrill oder am Smoker, merkt man ihm in der Akademie mindestens genauso an wie in seinen Videos oder auf Events. An seinem großen Traum von einer eigenen Grillakademie arbeitet er momentan noch – zwischen Videodreh, Videoschnitt, Shop und all dem, was ihn noch so umtreibt rund um seine Passion.

Miriam unterstützt ihn tatkräftig, kümmert sich um den Shop, schreibt die Rezepte für die Website und hält die Familie zusammen. Denn die ist nun mal das Wichtigste, was es gibt, und darf zwischen all dem Trubel um YouTube-Produktionen, Grillkurse und Bücher schreiben nicht zu kurz kommen.

NOCH MEHR RUND UMS GRILLEN

Grillen wie ein Bär
ISBN 978-3-7459-2120-5
20,00 EUR (DE) / 20,60 EUR (AT)

Dutch Oven - Leckere Outdoorküche aus dem Feuertopf
ISBN 978-3-7459-2748-1
22,00 EUR (DE) / 22,70 EUR (AT)

Walk of flame – Das Grillbuch
ISBN 978-3-7459-1586-0
9,99 EUR (DE) / 10,30 EUR (AT)

Outdoor Kochen – Ohne Strom und ohne Schnickschnack mit den Naturensöhnen
ISBN 978-3-7459-1476-4
28,00 EUR (DE) / 28,80 EUR (AT)

IMPRESSUM

Bibliografische Information der Deutschen Bibliothek.

Die Deutsche Bibliothek verzeichnet diese Publikation in der Deutschen Nationalbibliografie.

Detaillierte bibliografische Daten sind im Internet über http://www.dnb.de/ abrufbar.

Bei Fragen zur Produktsicherheit wenden
Sie sich an

Edition Michael Fischer GmbH
Kistlerhofstr. 70
81379 München
kontakt@emf-verlag.de

EIN BUCH DER EDITION MICHAEL FISCHER

1. Auflage 2025

Cover & Satz: Cäcilie Roscher
Layout: Bhavya, Cäcilie Roscher
Redaktion: Christine Birnbaum
Lektorat: Eva Neisser
Texte und Rezepte: Michael & Miriam Schiller
Foodfotografie: Sebastian Schollmeyer

Weitere Fotos: S. 3 ©BestPix/Shutterstock, S. 4 © Alexandre Talancev/Shutterstock, S. 4 & 6 ©SolidMaks/Shutterstock, S. 4 Varuniv Studio/Shutterstock, S. 5 sweet marshmallow/Shutterstock, S. 6 Light Stock/Shutterstock, S. 7 stockcreations/Shutterstock, S. 9 Miriam Schiller, S. 10 ©9dream studio/Shutterstock, S. 13 E. J. Johnson Photography/Shutterstock, S. 15 © L. Gieger/Shutterstock, S. 16 ©alexander-van-steenberge/Unsplash (o.l.), ©Erin E. Tingle/Shutterstock (o.l), ©Cyndi58/Shutterstock (o.r.), ©daniel-2NyYBOCL0j4/Unsplash (u.r.), S. 17 ©z-grills-australia/Unsplash (o.), ©Hussmann/Shutterstock, S. 18 ©Christine Birnbaum, S. 20 ©madie-hamilton/Unsplash, S. 21 ©hlphoto/Shutterstock, S. 22/23 ©hlphoto/Shutterstock, S. 24/25 ©mart/Shutterstock, S. 26 ©NadzeyaPhoto/Shutterstock, S. 27 ©stu-moffat/Unsplash, S.28/29 ©New Africa/Shutterstock, S. 30/31 ©ninaveter/Shutterstock, S. 32/33 ©Aquir/Shutterstock, S. 32 ©Goskova Tatjana/Shutterstock (l.), S. 158 ©privat

Icons: Icons: Cover, S. 1, 3 (Flamme) ©Kair/Shutterstock, Cover, S. 3, 8, 34, 64, 92 © (Tatzen),©Fonov/Shutterstock, S. 34–62 (Hot Dog) ©Nakigitsune-sama/Shutterstock,S. 64–90 (Gläser) ©Spunt/Shutterstock, S. 92–116 (Topf) ©Nadiinko/Shutterstock, S.118–142 (Gebäck) ©Happy Art/Shutterstock, S. 144–153 (Sauciere) ©Pixel Pine/Shutterstock, S. 37–143 (Grills) ©Paul Kovaloff/Shutterstock

ISBN 978-3-7459-2750-4

Gedruckt bei PNB Print SIA „Jansili", Silakrogs, Ropazu novads, LV-2133, Lettland

www.emf-verlag.de